MITOLOGÍA CELTA

Plutón
Ediciones

SERIE
MYTHOS

MITOLOGÍA CELTA

JAVIER TAPIA

© Plutón Ediciones X, s. l., 2024

Segunda Edición: 2024
Tercera Edición: 2025

Diseño de cubierta y maquetación: Saul Rojas Blonval

Edita: Plutón Ediciones X, s. l.,

E-mail: contacto@plutonediciones.com
http://www.plutonediciones.com

Impreso en España / Printed in Spain

I.S.B.N: 978-84-19651-99-0
Depósito Legal: B-5816-2024

Prólogo
La renuncia a la naturaleza

> *Si realmente amas*
> *a la naturaleza,*
> *encontrarás la belleza*
> *en todas partes.*
>
> Vincent Van Gogh

Se dice y se cuenta que la humanidad se distingue, en su afán de progreso, por haber dado la espalda a la naturaleza.

Mitológicamente el asunto no es nada nuevo, ya que en muchas de las mitologías que en el mundo han existido se ha tratado de diferenciar bien al ser humano de las bestias, porque los seres humanos son o deben ser superiores gracias a que los dioses los han dotado de espíritu e inteligencia.

El ser humano como amo, dueño y señor del planeta Tierra, que se alimenta de los animales, los domestica y domina sobre ellos. Los explota y hace con ellos lo que quiere y desea, sin que los pobres animales puedan impedirlo, incluso cuando son tratados como mascotas, lo que en muchos aspectos no deja de ser humillante y de refrendar la superioridad humana.

La civilización actual no es la primera en acabar con los recursos naturales que le rodean, por lo que asuntos como las sequías o los cambios climáticos nos siguen espantando, amenazando y afectando de verdad. Grandes civilizaciones del pasado, como la maya y la sumeria, entre muchas otras, han pasado hambrunas, enfermedades y hasta destrucción total por no haber cuidado su entorno natural.

¿Está de moda el ecologismo, o es una preocupación muy vieja de la humanidad?

Aristóteles, al igual que Confucio, ya hablaba de respetar a la Madre Naturaleza, lo mismo que los incas y los aimaras con su Pacha Mama.

Para los celtas que poblaron el centro de Europa desde el siglo XII antes de nuestra era hasta el siglo V, por lo menos, la naturaleza lo era todo, y vivir en armonía con ella era una obligación.

Las ciudades estado que crecieron a su alrededor no les parecían en absoluto saludables, por lo que ya desde entonces lo urbano y lo campestre se encontraban en contraposición.

Los griegos les llamaban "los ocultos", porque los celtas vivían en lo profundo de los bosques sin hacer ruido, y sin mostrar interés alguno por las supuestas riquezas de la emergente civilización.

A los celtas no les atraía conquistar a nadie ni a nada, aunque, por supuesto, tampoco les gustaba que los invadieran y los conquistaran, por lo que se ganaron la fama de pueblos bélicos y salvajes.

Incluso muchos historiadores de hoy en día les cuelgan el sambenito de pueblo salvaje, guerrero y hostil, como si todavía en nuestro tiempo no se comprendiera a la gente y a los pueblos que no quieren vivir a la manera civilizada occidental, con estados, ciudades, basura, gobernantes de la peor calaña, diferencias económicas y sociales que ofenden por su descarada parcialidad, leyes que protegen a los poderosos, esclavitud abierta o soterrada y el poder como instrumento de sujeción y sometimiento, y en lugar de ello prefirieran la libertad, la igualdad y la fraternidad, la vida al aire libre y el horizonte como frontera.

Algunos movimientos ecologistas actuales, activistas, organizaciones no gubernamentales, e incluso particulares, que se declaran naturistas, vegetarianos o veganos, viven en casas intrusivas y contaminantes, tienen automóviles o medios de transporte igualmente dañinos para el medio ambiente, ropa y calzado de fibras artificiales, plástico por todas partes y una actitud sectaria y alarmista, pero para nada efectiva con respecto a cuidar la naturaleza.

Los activistas siguen causando temor y por ello suelen ser masacrados constantemente desde la antigüedad hasta nuestro tiempo. Su pecado, como fue el de los celtas, es el proponer una vida diferente, volver a la naturaleza, dejar de explotar los recursos de manera voraz y sin sentido.

Las grandes marcas e industrias están volviendo los ojos a energías alternativas, pero a veces más por negocio que por amor al planeta, con avanzadas tecnologías de las cuales no se sabe su impacto en el aire, el agua o la tierra.

Hay quien asegura, quizá de una manera poco atractiva y convencional, que todo contamina, porque todo lo que se procesa industrialmente, incluso con las energías más limpias existentes, puede causar estragos en el mundo y en la gente, como la contaminación electromagnética, las emisiones de radio, el desequilibrio que ocasiona toda explotación minera, del aire, del agua o del subsuelo, incluyendo a la extracción de hidrógeno, es decir, lo que hoy parece mejor y más limpio, el día de mañana puede ser una nueva degradación para el medio ambiente.

Los celtas cazaban, recolectaban y cultivaban, y sin necesidad de que se hicieran campañas publicitarias ni se aplicaran leyes de moda, mantenían limpio su entorno, no cazaban ni recolectaban de más, reciclaban los desperdicios y cuidaban de sus cultivos.

Por supuesto, no contaban con dinero, apenas sí hacían trueques y no envidiaban ni ambicionaban los bienes ajenos porque eran autosuficientes gracias a vivir de acuerdo con la naturaleza.

Su mitología, por tanto, tiene mucho de natural y poco de jerarquías, si bien es cierto que esa naturalidad a menudo puede parecer brutal para los que viven al modo occidental, e incluso pecaminosa para los creyentes judeocristianos.

Unas sociedades abiertas como las de los celtas, sin opresión ni esclavos, sin tabús sexuales ni dioses salvadores, con las mujeres como pares y una tradición y una educación orales, con unos maestros como los druidas, sabios y saludables, que no obligaban a nadie a estudiar por la fuerza, ni para quedar bien, e incluso ni para ser de la alta sociedad o gozar de privilegios, porque sabían perfectamente que el aprendizaje es natural, que se aprende día a día, que el cerebro no para durante toda su vida de procesar información para convertirla en conocimiento; unas sociedades así, resultaban incómodas tanto para los pueblos civilizados antiguos como para los actuales.

Incluso muchos pueblos agricultores, ganaderos, campesinos y similares, viven a la manera occidental civilizada a pesar de que la ciudad les quede algo lejos, pues al igual que los que se autodenominan naturistas o naturalistas, están sujetos al trabajo, el dinero y las leyes.

Algunas comunas, como las que hubo en los años sesenta del siglo XX, e incluso algunos hippies sí han vivido al estilo celta, con el espíritu de la Madre Naturaleza a su lado, lo que les ha valido tanto aplausos como rechazo y aislamiento, volviendo a ser "los oscuros" de nuestra época.

Amar a la naturaleza no solo es predicarlo, sino practicarlo por utópico que parezca.

De momento, porque dicha práctica no es nada fácil cuando se tiene que pagar hipotecas, letras, impuestos y demás deudas, no estaría nada mal echar un vistazo a la mitología celta de la que brota belleza y atractivo de lo más natural.

Vivir de acuerdo con la naturaleza no es fácil en nuestros días, pero tampoco para las civilizaciones primeras que se dedicaron a negarla durante siglos, tanto, que hasta el día de hoy hay quien teme o desprecia a quien vive o intenta vivir de acuerdo a ella.

El ser humano, por ejemplo, era despreciado en su estado salvaje y puro porque lo urbano era lo correcto, lo deseable, el progreso y la superación de la animalidad.

No hace mucho, un profesor de la Facultad de Sociología de la Universidad de Barcelona se molestaba hasta la furia cuando algún alumno utilizaba el término "animal humano", porque para él los seres humanos no éramos animales, sino algo mejor, superior.

Los celtas también fueron considerados un peligro de animalidad natural humana, que podía socavar los cimientos de las grandes y excelentes civilizaciones y urbanizaciones griegas y romanas con su mal ejemplo de amor libre y vida al ras, sin gobiernos que los controlaran.

Lo verdaderamente natural espanta y hasta amenaza al orden urbano establecido, porque no tiene religión ni pecado, tampoco moral de conveniencia y mucho menos la mentira y la falsedad como banderas de orden social.

Parece que lo natural en nuestra actualidad consiste en modas, sensiblería, hipocresía y golpes de pecho, mientras que lo natural celta era una forma de vida real, sana y abierta, e incluso sabia, porque si algo conocían los celtas eran los productos de la naturaleza, con la que se alimentaban y curaban.

Los griegos y los romanos consideraban a los celtas salvajes y bárbaros por vivir de acuerdo a la naturaleza y no de acuerdo a las convenciones y normas sociales de sus incipientes civilizaciones.

Los coloridos ropajes celtas en lugar de las túnicas, eran parte de ese salvajismo, lo mismo que sus adornos, arreglos de pelo y maquillajes, nada escuetos y nada sobrios; una crítica que los modernos civilizados le hicieron a los hippies que decían "sí al amor y no a la guerra" cantando y amando en lugar de trabajar para una gran empresa.

Hippies o celtas

Hippies y ecologistas, como lo fueron los celtas con todo y sus hongos, sus bardos y sus poetas, no cabían en el mundo normal, por raros y diferentes. Reaccionarios en contra del progreso industrial.

El señor de los anillos de Tolkien tiene raíces nórdicas y célticas, donde Mordor es el mundo industrial que hay que combatir y los orcos los modernos esclavos que destruyen la naturaleza, y que viven y mueren por un amo del que solo ven un ojo a pesar de vivir en el oprobio y la miseria.

Durante siglos los fisiócratas fueron muy mal vistos por los industriales, porque el supuesto desarrollo y progreso no podían detenerse en nimiedades como preservar los bosques y los ríos, o en evitar los humos de las fábricas y sus desechos, porque lo importante era producir sin tener en cuenta más que las ganancias.

Los celtas irlandeses, a pesar de sus avances y desarrollo, fueron ecologistas sin necesidad de recurrir a ideologías, por lo que no fueron gratos para la Iglesia católica durante siglos, tanto que apoyó a los normandos y a los anglos para que la conquistaran.

La modernidad, tras las contaminaciones de Manchester y Londres en el siglo XIX, y las deforestaciones y extinciones de cientos de especies en América y Asia, adoptó el ecologismo en 1955, aunque lo hizo lenta, débil y tardíamente, y sin tomar medidas contundentes, alegando que la economía se resentiría si se actuaba con seriedad: "destruir, pero menos, solo un poco, no caigamos en excesos celtas", parece ser el mensaje, con lo que se preserva algo y se depura algún río, como el Támesis, pero se deja lo demás en manos de sus depredadores.

"¡Salvemos a la naturaleza!", gritan muchos grupos, unos con verdaderas buenas intenciones, y otros para obtener ganancias con el pretexto de salvar el planeta. Los bien intencionados a menudo acaban en prisión o asesinados, y los interesados siguen llenando sus arcas con las donaciones de la buena gente que coopera con algún dinero, pero que no hace realmente nada para mantener limpio el ecosistema.

Lo más curioso es que hoy en día siguen existiendo personas a las que no les agrada el sistema de vida celta: natural, libre e independiente, sin dioses jerarcas ni religión organizada, sin templos y sin afán de lucro, autosuficientes, tomando solo lo que se necesita y se va a consumir, y respetando el resto, con lo que no se produce basura ni se arrasa con el medio ambiente.

"¿Cómo es que no creen en un dios?", se preguntan algunos, porque piensan que creer en entidades imaginarias represoras o salvadores es una necesidad humana, como el comer o el respirar, a pesar de ver que los celtas vivieron entre dos mil y tres mil años sin necesidad de esas creencias, en plena armonía con la naturaleza.

"Si dios fuera un héroe celta a caballo, alegre, valiente, buen comedor y buen bebedor, sin ínfulas de grandeza, quizá creeríamos en él", me dice Moira, una buena amiga celta irlandesa mientras bebe su cerveza y luce su minifalda a cuatro grados bajo cero, "aunque algo creemos en San Patricio, el escocés, porque al menos es un santo de buen beber, como los duendes y los gnomos del Ulster".

Sí, en buena medida hemos renunciado a la naturaleza y hemos abrazado los automóviles, la deforestación y la industria, apenas sin darnos cuenta porque muchos nacimos ya dentro de este sistema y desconocíamos el mal que hacíamos tanto como a la cultura celta.

Pero no todo está perdido y siempre podemos volver a ser libres, independientes, valientes y con un sano sentido de protección y armonía con la naturaleza.

La mitología celta es un canto divino a la Madre Naturaleza, y también a la naturaleza humana sin ambages ni mojigaterías, que la disfrutes de manera intensa y rebelde, naturalmente.

DR. TAPIA

Introducción
Todo está vivo y es sagrado,
hasta las piedras

Si no sabemos de dónde
vienen los pueblos,
cómo vamos a saber de dónde
viene el ser humano.

Proverbio Druida

Todo está vivo, absolutamente todo, incluso aquello que creemos muerto, frío o ajeno a la biótica, o vida que conocemos.

El mundo no se va a acabar mañana a pesar de que parece que los seres humanos hacemos todo por lograrlo.

El animal humano, sobre todo el civilizado, no respeta nada, y de nada sirven las voces de alarma de posibles guerras nucleares, cambios climáticos extremos, la caída de uno o varios meteoritos o la influencia de los rayos gama sobre las caléndulas que ahora se ha vuelto a poner de moda.

En el pensamiento druida todo está vivo, hasta las piedras, porque todo tiene un valor, unas virtudes y una energía. Todo absorbe y todo emana. Nada está quieto.

Todo está vivo, nada está muerto.

En la mitología celta es preferible morir a vivir indignamente, porque una muerte digna es la puerta a la eternidad, mientras que la vida indigna es una vergüenza que mata en vida, dejando al ser sin alma y sin posibilidad de redención, incluso en la tardía mitología celta irlandesa.

VIAJE ETERNO
Yo no moriré nunca,
morirá mi cuerpo
y mi alma
que es toda emociones
y a veces sentimientos,
pero yo,
el que esencialmente soy yo,
nunca nació y no morirá
y no le hace falta
ni el olvido
ni el recuerdo,
simple y llanamente
porque es eterno.
Solo mueren los vacíos
en este viaje irredento,
los que nunca han estado vivos,
los que siempre han estado muertos.

Los que siempre han estado muertos aunque parezcan vivos, este es el espíritu celta que pervive hasta nuestros días y del cual iremos dando cuenta a lo largo del presente libro, desde su curiosa y casi inexplicable historia original, pasando por la etapa gala en Lutecia (Francia), su permanencia alejada y rebelde en la península ibérica por toda la cornisa cantábrica llegando hasta Portugal, y su establecimiento en Irlanda, a menudo confundidos con los godos, los vándalos y hasta los descendientes de Atila, sin olvidar el mito de su piel blanca, sus ojos claros y su cabello rubio, que ha dado lugar a todo tipo de especulaciones positivas y negativas ligadas a la eugenesia, el racismo y el nazismo, por mucho que los celtas nada hayan tenido que ver con ellas.

Aunque la cultura celta es milenaria y ha estado presente en Europa y en las islas británicas desde el siglo XVII antes de nuestra era, y siguió viva en Irlanda por lo menos hasta el siglo XVII de nuestro actual calendario, ya cristianizada y sometida por los ingleses con la ayuda y la anuencia de la Iglesia católica, hay muy pocos datos y referentes históricos, por lo que en realidad se sabe muy poco de sus mitos, creencias e historia.

Ni siquiera se sabe exactamente cuándo varios grupos del norte y centro de Europa llegaron por ahí hablando celta, la lengua indoeuropea que los conjuntaba; ni cuándo emigraron por primera vez a Iberia o a las islas británicas, con lo que las fechas y su cronología a menudo parece que no cuadran.

¿Edad de Bronce? ¿Edad de Hierro? ¿Un poco antes o un poco después? ¿La lengua es suficiente para definirlos, o eran, a pesar de la lengua muy diversos y distintos?

Sabemos muy poco al respecto, por lo que sus hechos y relatos caben perfectamente más en una mitología celta que en una historia propiamente dicha.

¿De dónde salieron los druidas? ¿Eran celtas o venían de otros grupos o sectas?

Se habla mucho de sus cantos y de sus poetas, pero no sabemos ni sus nombres ni recordamos sus letras, aunque algunas quedan en los anales celta irlandeses.

CANCIÓN DE AMERGIN[1]
Invoco a la dulce tierra de Éire
bañada por el pródigo océano de luz.
Fértil es la montaña colmada de fruta,
fruta esparcida por el bosque de lluvias,
de lluvia es el río de cascadas,
cascadas junto al lago de profundo lecho,
hondo es el pozo de la cumbre,
una hondonada de tribus es la asamblea.
Una multitud de reyes es Tara,
Tara es la colina de las tribus milesias,
las tribus milesias de los descendientes de Míl,
de Míl el de los barcos formidables,
como un barco formidable es la dulce tierra de Éire,
dulce tierra de Éire cantada con misterio,
y conjuro de gran conocimiento,
la gran ciencia de las esposas de Bres,
de las esposas de Bres de Buaigne
pero a la inmortal diosa Éire

---

1   Siglo XIII antes de nuestra era.

Eremon la ha enamorado.
¡Yo, Amergin, la invoco!
Invoco a la dulce tierra de Éire.

Esto se debe en buena parte a que los celtas no leían ni escribían hasta la etapa celta irlandesa, aunque en la etapa celtíbera puede haber rudimentos de escritura que se suponen, pero que en realidad no se conocen del todo.

La historia y la mitología celta recorren varios periodos, desde los primeros celtas del norte y centro de Europa, pasando por los celtas galos de la actual Francia, y quizá nórdicos como los bretones que emigraron hacia el norte; siguiendo por los celtíberos que inundaron sin invadir ni conquistar la península ibérica; y finalmente con los celtas irlandeses, los cuales de alguna manera siguen presentes en el mundo hasta el día de hoy, con sus sincretismos mágico religiosos, como los duendes, las hadas, los gnomos, las brujas, los magos y los santos trasgresores, Brígida y Patricio.

Desde sus primeras cosmogonías, hasta el día de hoy, la mitología celta, natural, libre e independiente, nos acompaña y envía el mensaje ecologista, tan antiguo como reciente, de que lo más sabio e inteligente es vivir en armonía con la naturaleza.

I

UN POCO DE HISTORIA:
EL INDOMABLE ESPÍRITU CELTA

La Historia con mayúscula
no existe,
existen los mitos y leyendas
y las interpretaciones
de la historia con minúscula.

THOMPSON

No es nada fácil situar a los celtas desde el punto de vista histórico, pues los innumerables pueblos semi nómadas del centro europeo de la Edad del Hierro son muy diversos y se cree que solo compartían una lengua indoeuropea, quizá el gaélico y un estilo de vida montañés y rural, sin ciudades estado ni formas civilizadas como las conocemos.

Al no haber practicado la escritura a pesar de sus bastos conocimientos del medio ambiente, poco o nada ha quedado reflejado en eso que llamamos historia, y solo tenemos algunos datos a través de los historiadores griegos y latinos, como Heródoto y Julio César, pero nada más.

Mitológicamente se les puede situar en tres etapas, la Gala, la Celtíbera y la Irlandesa, pero históricamente muchos detalles se nos escapan y todo queda en mano de las interpretaciones y suposiciones de diversos autores, historiadores o no, aunque siempre queda el famoso "Espíritu Celta", que nos habla de valor, virtud y rebeldía, que sigue el camino del guerrero de la manera más natural, porque su contexto natural durante siglos fue la lucha continua contra los vecinos, los germanos, los romanos, los godos y los árabes, entre muchos otros.

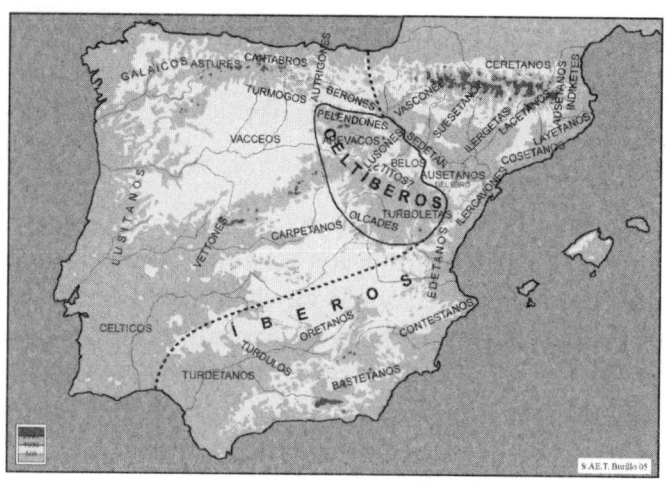

Los celtíberos prerromanos

Los celtas son la imagen viva de los pueblos fundadores, los que pusieron las primeras semillas de otros pueblos, aunque no siempre pudieron quedarse a disfrutar ni de sus frutos ni de sus flores.

De ellos descienden los bretones, los lusitanos, los celtíberos, los germanos, los nórdicos (con excepción de Finlandia), y prácticamente todas las tribus bárbaras del norte y del centro de Europa, y son parientes cercanos de los etruscos, los sabinos y los primeros romanos y los primeros griegos, con líneas ancestrales que se desparramaron del Cáucaso hacia la India, y luego retornaron a Europa del Este.

Los flujos y migraciones del paleolítico son la fuente de los pueblos de la Edad de Bronce europeos, así como estos pueblos son la fuente idiomática y genética de los de la Edad de Hierro, como los celtas, donde hicieron sus primeras siembras y dejaron constancia de su existencia y de su pervivencia.

Celta galo de la época romana

Sembraron, por ejemplo, a Lutecia, que hoy es París, la Ciudad de la Luz, llenándola de una magia que dura hasta nuestros días, pero no vieron sus frutos porque las fuerzas romanas amenazaban con destruir su siembra, y prefirieron huir para permitir que floreciera.

El norte de Francia y el mar cantábrico fueron su hábitat más natural y habitual durante casi mil años, pero llegaron hasta Inglaterra, Irlanda, Holanda, Alemania, Dinamarca, Escocia, Gales, Bélgica, España, Portugal, Europa del Este y parte de Turquía.

**Estatua de alabastro del guerrero celta
"El galo herido" 100-130 d.C.**

Hasta hace poco, arqueológicamente hablando, se ha descubierto el asentamiento celtíbero *Tritium Autrigonum* en la región española de Burgos, pero aún no ha sido explorado, y si bien se le sitúa en el siglo V antes de nuestra era, ya se hacen algunas especulaciones sobre la vida de aquellos antiguos pobladores.

Los celtas no eran un pueblo especialmente bélico, pero tuvieron que enfrentar miles de batallas, más para defenderse y resistir, incluso a pueblos hermanos y vecinos, que para conquistar o amedrentar a nadie.

La defensa de la Galia no es un cuento ni una leyenda, Astérix, Obélix, Idéfix y Vincenvintorix, existieron de verdad de alguna manera, aunque sin pócima mágica, pues finalmente fueron vencidos por Julio César, pero no exterminados, y fueron instalando y desinstalando sus poblaciones por medio mundo desde la Edad de Hierro, unos mil quinientos años antes de nuestra era, hasta el siglo V de la era común o presente, cuando empezaron a tener problemas con los romanos, los godos y los germanos.

No se sabe si llegaron primero a Francia, luego a España y finalmente a Irlanda, pero se sabe que fueron dejando su rastro prácticamente por toda Europa. De hecho, todavía se habla la lengua celta en algunos puntos de Europa.

No aceptaron el catolicismo hasta el siglo XIV en Irlanda, y no porque les pareciera malo o bueno, sino porque ellos ya tenían sus propias creencias, y la bondad católica romana pasaba por someterlos con la espada.

El catolicismo sí los aceptó, y hasta convirtió a la diosa Brigid en santa Brígida.

Sí, la cultura celta por fin se estableció en Irlanda, y de ahí nace buena parte de su mitología, aunque los druidas quizá vengan de más lejos.

Celtas y godos

Debido a la cercanía física e histórica de los pueblos antiguos que poblaron el centro y el norte de Europa, con lenguas indoeuropeas en común, durante mucho tiempo se asimiló a los godos con los celtas, y quizá hace dos o tres mil años sí hayan tenido algo en común, como relaciones más o menos matrimoniales y descendencia, pero para el siglo V de nuestra era, ya eran pueblos diferentes y bien definidos.

Vándalos y suevos podrían entrar en el mismo paquete, junto con todos los pueblos bárbaros que asediaron a griegos, y sobre todo a romanos, durante siglos, hasta que el Imperio romano de Occidente estuvo lo suficientemente debilitado y corrompido como para que pudieran conquistarlo, principalmente los godos, que ya para el año 476 de nuestra era, no eran precisamente amigos de los celtas, pues estos se mantenían rebeldes y laicos, y sin ningún deseo de conquistar Roma o el pueblo que fuera.

Los godos se romanizaron en tiempo récord y se sumaron al catolicismo, de hecho Teodorico, Gala Placidia y Teodosio II, gobernaron Roma como si fueran romanos, y no como el pueblo germánico del que provenían.

Los celtas galos no se romanizaron nunca. Incluso Atila, otro de los invasores de Roma en el siglo V de nuestra era, se romanizó y no atacó ni saqueó a la capital del Imperio, sino que se casó con una prominente romana, algo impensable para un celta serio y congruente con su forma de vida.

De hecho, con la incursión de los godos en Roma, los celtas galos se replegaron hacia la península ibérica (donde los esperaban los celtíberos), subieron por Bélgica y Dinamarca hasta los pueblos nórdicos, y fueron afincándose en las islas británicas, sobre todo en Irlanda, donde permanecen hoy en día.

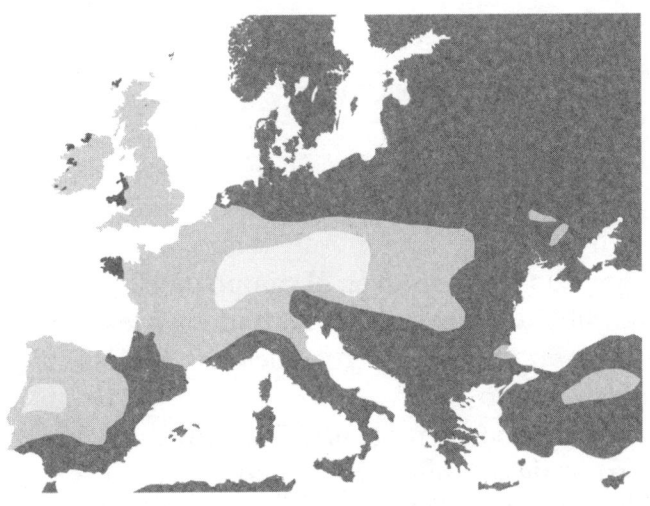

Origen y expansión de los celtas

Algunas de las leyendas de los godos y los celtas son comunes, e incluso no falta alguna leyenda de los hunos que se parezca a las leyendas celtas de las islas británicas, como el mito de la espada sagrada que puede con todos, Excalibur, ya sea clavada en una piedra de la que es muy difícil sacarla, o yaciente en un lago escondido en las profundidades de un bosque mágico.

De hecho, por los mitos y leyendas de los celtas primigenios, los historiadores y los investigadores han podido seguirles los pasos desde la Edad de Hierro hasta la época actual, así como su influencia en el resto de Europa a través de los últimos tres mil años, si bien es cierto que no siempre han estado de acuerdo.

LA PISTA DE LOS DRUIDAS

Una de las maneras de seguirle los pasos a la diversa cultura celta es a través de sus usos y creencias, además de su lengua, y entre ellas encontramos a los druidas, que fueron muy reales, a pesar de que a menudo se les sitúa en el campo de las leyendas y los mitos, acompañando a las hadas y a los duendes, o creando en sus calderos pociones mágicas maravillosas.

No se sabe bien su origen, algunos incluso los apartan de los celtas y los colocan como seres sin procedencia étnica precisa, sino cofrades de una muy antigua secta de sabios y sacerdotes anteriores a los pueblos celtas galos, celtíberos y celtas irlandeses, una clase social aparte que prefería trabajar con los celtas por su amor a la libertad y a la naturaleza, que con otros grupos humanos más civilizados, pero que no eran de su misma especie.

Druidas celtas, magos y maestros

¿Sectarios oscuros? ¿Extraterrestres? ¿Raza antigua de adivinos? Sabios, doctores, herbolarios adelantados, maestros, poetas, astrónomos, magos, sin una aparente filogénesis celta, pues al parecer no se reproducían dentro del grupo, no tomaban mujer ni tenían descendencia conocida, por lo que a pesar de su clara presencia entre los diversos pueblos celtas, documentada desde la Edad de Hierro por historiadores como Heródoto, Avieno y Hecateo de Mileto, así como por los historiadores romanos en la época de Julio César, no se sabe su procedencia.

Formaban a la juventud celta, pero se desconoce si de entre esa juventud elegían al que debía sustituirles pasados los años, para que así el nuevo druida fuera celta del todo, y no un anciano que pertenecía a una secta ajena.

No se sabe mucho de ellos, pero se sabe que estaban y estuvieron presentes dentro de los grupos celtas hasta hace algunos siglos, para desaparecer después como si nunca hubieran existido y fueran solo una leyenda celta.

Merlín el Mago, pudo ser su heredero, aunque solo sea especulativamente, porque fue un ser legendario muy parecido a los druidas en la mitología inglesa.

De una o de otra manera, su presencia en algunos pueblos han ayudado a seguirle la pista a los celtas, formando parte tanto de su historia (escrita o no escrita) así como de su mitología celta.

CELTAS Y ROMANOS

O celtas y etruscos, sabinos y demás pueblos de la bota itálica, porque sin duda los celtas fueron testigos de la verdadera fundación de Roma, y observaron cómo el Imperio se fue comiendo a sus vecinos, borrándolos de la faz de la Tierra, robando sus dioses e imponiendo su lengua.

Los celtas resistieron a los romanos durante siglos, y nunca cedieron a dejar su lengua y a adoptar las civilizadas costumbres romanas, como el abuso y la ocupación de tierras ajenas.

Batalla entre celtas y romanos

Los celtas no gustaban de los romanos, y los romanos no gustaban de los celtas, porque ambos se consideraban salvajes mutuamente, y a pesar de ello, Julio César los consideró un gran pueblo, y los galos hicieron algunos tratos con Julio César, y hasta aceptaron a algunos de sus dioses, pero nunca se rindieron al Imperio.

En cierta manera y gracias a Roma, se tienen algunos datos más o menos fidedignos de la cultura celta, pues lo que no escribieron los celtas, lo escribieron los romanos.

Celtas y religión

No se puede decir, aunque así aparezca en varios textos, que los celta tuvieran una religión propiamente dicha, pues hasta el siglo XII en Irlanda no hubo cierta aceptación de la religión católica, con la que se hizo un curioso sincretismo que dura hasta nuestros día entre las leyendas celtas y las creencias católicas, como veremos más adelante, pero una religión celta, como tal, parece que nunca ha existido. "Un celta no se somete a nadie ni a nada, por dioses que sean, ni siquiera a Tutatis".

Su mitología, como su historia, se puede dividir en tres periodos: la gala, la celtíbera y la irlandesa, pero en ninguna de las tres hay una devoción divina a ningún dios, ni pecados, ni salvación, ni nada por el estilo, porque lo único sagrado en la mitología celta son la libertad y la Naturaleza, y los dioses adoptados, tanto los etruscos como los romanos, y hasta los católicos, solo son y han sido figuras lúdicas o dramáticas, y no dioses propiamente dichos.

Los rituales funerarios celtas son muy diversos y, arqueológicamente hablando, no parecen estar dedicados a divinidad alguna, destacando que los entierros de mujeres parecen más suntuosos por las vestimentas de ellas, y más sobrios para los hombres, pero en ambos casos a menudo los acompañaban de amuletos de protección y fortuna, joyas, armas o herramientas.

La otra vida para los celtas era un ciclo, lo mismo que la muerte, con el flujo que lo unía todo, pero sin una deidad permanente.

MUJERES CELTA

Tan fuertes y decididas como los hombres celtas, grandes cocineras, hierberas, artesanas, cuidadoras y maternales, pero también grandes comedoras y bebedoras, raras veces participaban en las guerras, pero si había que hacerlo no se amilanaban porque todas tenían formación militar desde pequeñas, e incluso eran capaces de mandar a todo un regimiento, por lo que valía más no provocarlas ni fuera ni dentro del grupo.

El orden familiar era un orden grupal, con pareja para quienes querían tener pareja, o con soltería para las que no querían tener pareja.

No se supeditaban al hombre, aunque la figura masculina era la preponderante en la comuna puesto que se encargaban de la caza, la pesca y la guerra, aunque no siempre del mando, lugar que de vez en cuando asumía una de las mujeres con total aceptación por los hombres.

No había realmente nada parecido a lo que conocemos hoy en día como patriarcado o como matriarcado, pero sí había un orden jurídico en cuanto a los matrimonios, las herencias y los derechos de los contrayentes.

La virginidad era un mito más griego y romano

que celta, si bien es cierto que muchas celtas llegaban vírgenes al matrimonio simplemente porque se casaban muy jóvenes, en cuanto les venía la menstruación, como sucede en tantos otros grupos considerados salvajes.

Su sexualidad iba acompañada de los ciclos de la naturaleza (como en realidad les sucede a todas las hembras del orbe desde siempre y hasta hoy), más que de las leyes y las conveniencias, aunque en algunos casos sí había uniones por conveniencia para hacer la paz con algún pueblo vecino.

Por otra parte, ya habían superado la etapa de la gens maternal, y no había más exclusiones que las que ya estaban fuera del grupo; y si bien un hombre podía tomar por la fuerza a una mujer, también las mujeres podían tomar por la fuerza a un joven mancebo, sin que ello fuera una vergüenza, un mal psicológico ni un pecado, aunque el consentimiento mutuo fuera más común.

Las hormonas son lo que son, y el sexo es lo que es, una función fisiológica más completamente natural que no se puede evitar, y que los celtas no tenían como un problema.

La maternidad, por supuesto, era importante, pues dotaba al grupo de nuevos brazos para la caza y la contienda, y las madres celtas, más que abnegadas, eran conscientes de su papel de formadoras de sus hijos e hijas, y simplemente actuaban en consecuencia.

Es falso que las consideraran casi diosas por el

hecho de parir, porque sus pares hombres, a esas alturas (Edad de Hierro), ya eran perfectamente conscientes de su paternidad, pero sí las trataban con el debido respeto e igualdad comunal.

Mujer celta

La enseñanza y el cuidado de los enfermos, tarea eminentemente femenina en otros pueblos y culturas, no les correspondía a las mujeres celtas, pues para eso estaban los druidas, aunque, por supuesto, tenían conocimientos sobre emplastos, talismanes y hierbas curativas.

En algunas comunas celtíberas practicaban el amor libre y tenían diversos amantes, pocas veces una pareja definida, con los hijos al cuidado de todo el grupo, pues todas las mujeres eran sus madres, y todos los hombres sus padres, sin más integrantes que los que vivían dentro de la empalizada.

Este ejemplo fue seguido en Escocia en algunos clanes, donde familia, grupo y tribu eran la misma cosa, y también fue intentado en algunas comunas hippies del siglo XX y en los falansterios de Fourier, aunque en estos dos últimos casos no tuvieron bastante éxito.

No se puede hablar, por tanto, de un matriarcado o de un patriarcado, ya que muchas de las tareas y obligaciones eran comunes y las mujeres no estaban desprestigiadas por el simple hecho de ser mujeres, ya que entre los celtas no existía el estigma de Eva ni siquiera cuando en Irlanda abrazaron el catolicismo y el cristianismo, pues santa Brígida era bastante libre y nada virgen, y san Patricio una especie de Dionisio milagroso en el consumo de cerveza y en la fiesta.

El mito de la druidesa, hasta donde se sabe, entre otras muchas cosas (como el que no hay nada escrito al respecto), es que los druidas no tenían un papel de género, sexual o afectivo entre ellos mismos, ni en relación con las personas, grupos o familias celtas, sino de enseñanza, por lo que debajo de la capa, el sayal o el manto, perfectamente podría haber un andrógino, hembra, hombre o lo que fuera, pues eso tenía poca importancia para sus funciones.

El mito de la druidesa

La raza celta

No se puede hablar de una raza celta propiamente dicha porque los primeros grupos celta eran muy diversos.

Había caucásicos de piel blanca y pelo negro; morenos de Anatolia, Harappa e Indostán, de ojos oscuros o verdes; europeos, de piel blanca, ojos claros y pelo castaño; no pocos pelirrojos de profundos ojos verdes; y blancos de cabellos rubios y ojos color miel o incluso azules.

Había altos, grandes y fuertes, pero también los había de diversas constituciones, aunque todos estaban formados por el ejercicio diario y la vida natural.

Guerreros celtas

Existe el mito de que los celtas eran todos rubios, altos, hermosos, de ojos azules y constitución atlética, y que sus descendientes se encuentran entre los nórdicos, los celtíberos y los celtas irlandeses; un mito que los señala como eugenésicos o raza superior, e incluso como el patrón en el que se basó Hitler para definir a la raza aria, lo que le ha hecho un flaco favor a la cultura celta al ser emparentada espuriamente con el nazismo.

LA HISTORIA INDESCIFRABLE

Por extraño que parezca, la larga y nutrida historia celta es bastante desconocida, y mucho de lo que se ha escrito al respecto es pura especulación, bien o mal intencionada, pero especulación al fin y al cabo, por lo que podría situarse perfecta y tranquilamente en el campo de la mitología celta, que empieza más o menos en la Edad Media con algunos referentes antiguos, y va tomando forma hasta nuestros días.

Mi hermana dice siempre que le gustaría ver el pasado por "un hoyito", para ver qué hay de cierto o de falso en lo que se cuenta, y llegar así a un acuerdo claro entre tanta invención, mito y especulación (aunque de ello se nutren todas las mitologías); sería muy interesante ver por un visor temporal lo que sucedió en realidad, pero aun así es muy posible que cada observador interpretara a su gusto, cultura y manera lo que todos estamos viendo: efecto Rashomon.

Los celtas no eran mineros, pero sabían extraer de las entrañas de la Tierra.

No eran herreros, pero sabían trabajar el metal y fabricar sus armas.

No eran grandes agricultores, pero sabían sembrar, hacer esquejes, cultivar, recolectar y reconocer los granos, las flores, los frutos y todos los bienes de la naturaleza.

No eran alfareros, pero sabían producir sus enseres.

No eran constructores, pero sabían hacer sus empalizadas, casas circulares y dólmenes funerarios.

No eran astrónomos, pero sabían guiarse por las luminarias y las estrellas.

No le ponían nombre a todo, pero sabían qué era cada cosa de su entorno.

No eran hilanderos, pero sabían tejer sus ricos ropajes.

No eran artesanos ni joyeros, pero sabían hacer sus abalorios tanto como sus herramientas.

No eran médicos, pero sabían paliar y curar todo tipo de males y enfermedades.

No tenían un ejército regular, pero sabían luchar y defender lo suyo.

No cedían fácilmente a influencias externas, pero sabían adaptarse al medio, cualquiera que este fuera.

No tenían leyes ni normas escritas, pero vivían en armonía con los suyos y con su ambiente natural.

Tenían dudas y certezas, como todos los seres humanos, pero se apoyaban en los druidas para desvelarlas.

En suma, los diferentes grupos celtas nos enseñan que se puede vivir y progresar de otra manera, lejos de lo urbano, lo civilizado, lo escrito, lo jerárquico y todo aquello que en el Occidente urbano y sistémico se considera normal.

Eso es lo que hace que su mitología y su historia sean tan diferentes como atractivas.

II
Cosmogonía celta

Primero fue el Árbol,
luego la flor,
luego el ave
y los insectos,
así todo nació.

Canto celta

No hay registros escritos de la cosmogonía Celta, por eso algunas leyendas de la creación y de la aparición de los seres humanos se basan en sus símbolos ancestrales más que en sus dioses o que en algunos textos, donde Dana parece ser la más antigua, seguida de Lugh, el Sol, aunque no hay mucho acuerdo en ello, aunque sí en que Dagda, a pesar de ser el Padre de los Cielos en la mitología celta irlandesa, es muy posterior a las cosmogonías clásicas y no puede servir de referencia para el pensamiento celta original.

La mitología celta original está tan desvirtuada como desconocida, porque se ha ido transformando en su recorrido por el mundo desde el centro de Europa hasta llegar a las islas británicas, dando y tomando, cambiando en cada grupo y dejando su huella en otros grupos, como los nórdicos.

Por ejemplo, Yggdrasil, el árbol de la vida vikingo, es muy parecido a Crann Bethadh, por lo que a muchos investigadores les sugiere una conexión celta-vikinga que es muy posible en el tiempo y el espacio por las migraciones celta, aunque Crann Bethadh no tiene Valhala ni Asgard ni Helheim entre sus ramas.

La antigua cosmología celta es más sencilla, simple y enlazada con la naturaleza, que con ciertas divinidades, monstruos o figuras épicas, y puede ser perfectamente inspiración de otras cosmologías, o haber recibido influencias de las cosmologías de los pueblos con los que convivió a lo largo del tiempo, entre ellos los romanos, con los que no se llevaban tan mal, e incluso les tomaron algunos dioses prestados, hasta que llegó Julio César con sus legiones, y cinco siglos más tarde ante la obligación de adoptar por las buenas o por la fuerza la religión católica por órdenes de Teodosio, a lo que los celtas galos se negaron.

Los nuevos grupos celtas buscan esa cosmogonía original, tanto con la imaginación como a través de la arqueología, conscientes de que la materia escrita al respecto es muy parca o inexistente, además de haber sido malversada para tratar a los celtas como salvajes irredentos y llenarlos de desprestigio, pues su locura de libertad y naturaleza no es nada apropiada para un mundo civilizado que vive del expolio, el abuso y la guerra.

A los celtas se les ha tildado de violentos, asesinos, bélicos, caníbales, ateos, blasfemos, salvajes, sucios, torpes, ignorantes, que hacían terribles rituales con

sacrificios humanos, sin respeto a la vida y sin temor a la muerte, inmorales, promiscuos, glotones y
libertinos.

Poco o nada se dice de su justicia, donde hombre
y mujer eran iguales, no había potentados, poderosos ni iglesias que vivieran de la ignorancia de los
pobres, porque entre los celtas no existía la pobreza.

Los celtas no rezaban ni pedían perdón o salvación a nada ni a nadie, actuaban de acuerdo a su naturaleza, que es la naturaleza de los hombres, por
lo que comían, bebían, amaban y luchaban de la
forma más natural, sin deberle nada a nadie.

Sus cosmogonías son variadas y diversas, dependiendo del lugar y el momento, de las influencias
externas y los cambios internos, pero con el denominador común de lo natural, de lo salvaje, de lo libre y de lo rebelde, sin demasiadas diferencias entre
hombres y dioses, y sin sacralizaciones extremas,
algo que para otras mitologías y religiones parecía
una blasfemia, pues los celtas no contaban con un
dios creador ni con una inteligencia celestial que
todo lo hace y todo lo puede.

LO PRIMERO

*Lo que había primero y antes de todo, era un fluido,
un flujo con muchas ramificaciones de donde brotaron el
día y la noche, las luces de los cielos y todo lo que vemos
y no vemos.*

Así también nació nuestro mundo, libre, salvaje y eterno.

EL NACIMIENTO DE LOS HOMBRES

Primero había un flujo lejano que se conectaba con todas las cosas del cielo.

Aquí no había nada más que agua y tierra, mar y playa.

En la tierra y del agua brotó el flujo y nació el árbol, Crann Bethadh.

De Crann Bethadh nacieron las semillas.

De las semillas nacieron las flores.

De las flores nacieron los insectos.

Por los insectos y las flores nacieron las aves.

De las flores y los insectos nació también la yegua blanca y todos los animales.

De todos los animales nacieron los gigantes.

De todos los animales y de todos los gigantes nació el hombre.

No un hombre entero, pues los gigantes no sabían cómo hacerlo, y el flujo tardó en reconocerlo.

Se hicieron muchos hombres hasta que salió uno bueno.

Fue difícil hacer al hombre, pues estaba formado de muchas cosas por dentro y por fuera, hasta que se entrelazó con el flujo de la naturaleza y fue hombre del todo.

El mundo no era fácil, pero así era como era: unas plantas sanaban y otras plantas mataban, y había que probarlas para saber diferenciarlas.

Unos animales paliaban el hambre, y otros mataban para paliar la suya, y había que enfrentarlos para saber diferenciarlos.

Los gigantes se fueron.

El flujo estaba en todas partes, en todos los seres, pues manaba de Crann Bethadh y corría por el aire, por la lluvia, por sus venas, por sus raíces y todo lo empapaba.

Pasó tanto y tanto tiempo, que los hombres se fueron criando de distinta manera, hasta convertirse en animales con hambre que deseaban los granos y la caza de su vecino en lugar de lograr su propia caza y su propio grano, y por la fuerza o el engaño querían quedarse con el grano y con la caza; otros hombres cazaban y cosechaban su grano, y había que conocerlos para saber diferenciarlos.

Vinieron los maestros a enseñarnos, y aprendimos muchas cosas, y a cambio les ofrecimos techo y alimento, por eso han estado con nosotros desde los primeros tiempos.

Nada ni nadie muere de verdad pues el flujo que une a todos es eterno y siempre está en movimiento.

Estas son las palabras de los ancianos y de los maestros, para que llenen los oídos de los nuevos y sepan que aquí estamos desde hace mucho, que aquí seguiremos, y que venimos de muy lejos.

Cosmogonía sincrética (celta europea)

Antes del antes solo había cielo y tierra sin distinción ni separación.

Lo mismo era el cielo que la tierra.

Lo mismo era la tierra que el cielo.

En el cielo se formó el aliento y la humedad.

En la tierra se formaron los llanos de arena y rocas, y las montañas.

En el más lejano de los principios solo había una semilla.

La semilla se introdujo en la materia terrestre.

El aliento y la humedad la cubrieron.

Ahí empezó a germinar.

De sus brotes superiores salieron las primeras ramas empujando al cielo.

De sus brotes inferiores salieron las primeras raíces empujando a la tierra.

Así nació el primer árbol, Crann Bethadh, que fue creciendo y haciendo espacio entre el cielo y la tierra.

Fue la primera vida, el esencial.

En sus ramas aparecieron las aves y los frutos.

De sus frutos salieron más semillas.

De las semillas nacieron más árboles, pero ya ninguno como Crann Bethadh, en cuya cúpula nacieron los espíritus elevados, y en sus raíces los espíritus bajos, pero todos espíritus al fin y al cabo.

De las otras ramas de Crann Bethadh fueron apareciendo los animales, las flores, los hongos, los insectos y, finalmente, las personas.

Las personas lo encontraron todo hecho y dispuesto para ellas.

Esas personas eran diversas, unas muy grandes, y otras muy pequeñas.

Eran hombres y mujeres, machos y hembras, que no tardaron en tener descendencia en las ramas de Crann Bethadh, y bajaron a poblar a Dana, la Madre Tierra, que los recibió con los brazos abiertos.

Del aliento y la humedad nacieron las aguas saladas y

las dulces, así como el viento, la lluvia y los truenos. Todo unido y perfecto.

En el cielo se asentaron las estrellas grandes y pequeñas, la luz y la oscuridad, la noche y el día, el sol y la luna.

Así fue como el mundo quedó completo. Lo demás es la historia de la humanidad que todos conocemos, diversa y cruel, violenta y apacible, fructífera o seca, como la naturaleza misma.

Los celtas se sabían diferentes a otros pueblos, pero no elegidos ni exclusivos, pues para ellos todos los seres de otras etnias eran humanos, hijos de la naturaleza, y con las virtudes y defectos de esta, productivos y destructivos al mismo tiempo.

La diferencia radicaba en el respeto, o falta de respeto, a Dana, la Madre Naturaleza, que aparece más tarde con nombre propio, pero que ya era cultivada por los pueblos celta.

COSMOGONÍA NATURISTA CELTA
Los hombres llegaron tarde, pero con la mesa puesta.
Todo proviene de la naturaleza.
Primero fueron las cosas inanimadas, como la tierra y el agua.
Luego las animadas.
Los árboles son los seres más antiguos.
Luego las plantas.

Luego las flores.
Luego los hongos.
Luego los insectos.
Luego los peces.
Luego los animales.
Luego las divinidades.
Luego los gigantes.
Luego los enanos.
Luego los elfos.
Y, finalmente, los hombres y las mujeres, que descienden de todos los anteriores, pues se fueron transmutando muerte tras muerte y nacimiento tras nacimiento, hasta que salieron los humanos.
Todos y todo son hijos de la magia de la naturaleza.
Nada se pierde.
Nada escapa de este mundo aunque no se vea.
Todo se queda en ella desde un principio y para siempre.

Sí, posiblemente hay tantas cosmogonías celtas como sus etapas y sus diferentes células esparcidas por medio mundo, lo que las haría prácticamente incontables, con influencias culturales de los diferentes vecinos que han tenido, o, como señala algún investigador, no hay ninguna debido a que en su pensamiento mágico y mítico todo es natural, porque todo proviene de la naturaleza, y habiendo mucho aparentemente, la verdad es que no hay nada más.

DIOSES ANTIGUOS Y ANCESTRALES

Más que animistas, los celtas veían divinidades completas en ciertos elementos de la naturaleza, sobre todo en los árboles, a los que consideraban seres vivos, mágicos y pensantes, que podían caminar y moverse si así lo querían, o permanecer quietos y con las raíces profundas en un mismo lugar si así lo deseaban.

Las flores también eran divinas y viajaban con su polen y su perfume por todo el mundo, además de ser el hogar de las mariposas y las hadas.

En los troncos huecos de los árboles y junto a sus raíces, vivían los gnomos, que no son duendes ni enanos, sino gente pequeña especial, sana, muy fuerte y longeva, y que además son los veterinarios de los animales del bosque, pues conocen las hierbas y los remedios para sanarlos.

Los animales no son divinos, pero tienen alma y son hermanos de los seres humanos, sobre todo los caballos, a los que hay que tratar con el debido respeto. Los animales de granja también son hermanos, y hasta las alimañas y las bestias salvajes, aunque hay que ser prudentes y tener cuidado con su trato.

Cazar y comerse a un animal salvaje es hacer una comunión con él, pues al ingerir su carne también se ingiere su alma y sus cualidades, e incluso sus males y sus enfermedades, por lo que también hay que ser respetuosos y prudentes.

No es de extrañar por tanto que sus seres sagrados sean los siguientes:

OLMO

El árbol de los hombres, curativo y sabio, anciano poderoso, que a menudo guarda las almas de los muertos, como se puede ver en sus nudos, raíces y tronco, donde aparecen rostros, miembros y torsos.

Todo en el olmo es aprovechable, y no hay necesidad de derrumbarlo si no es para construir empalizadas, por lo que se le respeta.

Olmo, el sagrado hogar de los gnomos

Su corteza sana y cura los males de la cabeza, aleja las fiebres y aumenta la energía de la sangre. Sus hojas desinflaman. Y sus raíces fortalecen y calman.

Además, su tronco es hogar de otros seres, da sombra ante el calor y cobijo ante el frío; y en él reposan las aves y se refugian las bestias.

Respeta al olmo y crecerás sano y fuerte desde la infancia hasta la senectud. Si no lo respetas atraerás tu propio mal.

ROMERO

La planta mágica que aleja lo malo y atrae lo bueno, con tantas propiedades curativas que llegó a llamarse con el tiempo Rosa de María, en honor a la Virgen.

"Romero, romero, que se vaya lo malo
y que venga lo bueno"

El romero alarga la vida y la memoria, y protege de todos los males.

Se usa para brujerías y para curaciones hasta nuestros días. Además, es una hierba muy apreciada en la cocina.

Los celtas, aunque no se diga a menudo, eran grandes cocineros capaces de ablandar las carnes más duras, ya que conocían el uso culinario de muchas hierbas, como el romero, y así lo transmitieron a sus vecinos, de tal manera que su uso ha llegado fresco hasta nuestro tiempo.

El sagrado romero tiene propiedades tónicas, estimulantes, antiinflamatorias, carminativas, antioxidantes, bactericidas, fungicidas, antisépticas, cicatrizantes y digestivas, toda una divinidad celta de la naturaleza.

ROSA

La flor de la belleza y el perfume, apta para cocinar, comer, y para remedios curativos con su sola presencia y esencia.

Amada por las aves y los insectos, y adorada por los hombres y las mujeres de todos los tiempos, pues además de darnos su aroma, depura el aire al producir oxígeno.

La rosa se ha utilizado mucho en la cocina durante mucho tiempo, aunque últimamente se ha perdido la costumbre de cocinar con sus sabrosos pétalos.

Por supuesto, no hay rosa sin espinas, pero es muy rica en vitaminas A, C y B2, por lo que tiene acción antioxidante y ayuda a la regeneración de la piel, borra las arrugas y da fuerza a los músculos.

La rosa, algo más que belleza

Como planta del amor, gracias a su belleza, en infusión es afrodisiaca, aunque debe consumirse con prudencia.

Beleño

La planta que ilumina, que da energía y eleva los ánimos, pero que también seda y sana a los enfermos.

Tiene nombre de dios, Belenos, y hay quien la asocia a Belenius, o Hermes Trismegisto, el supuesto descubridor de la Tabla Esmeralda, por sus efectos hipnóticos y hasta psicoactivos si se toma en la dosis adecuada.

Divinidad y remedio infalible, el beleño

Por supuesto, y junto a la mandrágora, es considerada hierba de brujas, de magos y de druidas, pues con ella se puede hacer verdadera magia.

MANDRÁGORA

Hierba divina que abre la visión de otros mundos y de otras realidades, bendita y peligrosa al mismo tiempo, sobre todo sus raíces, que deben tratarse con cuidado y con respeto en las dosis adecuadas para no causar más mal que bien en los enfermos.

Cuentan las leyendas que la mandrágora recoge en sus raíces almas de hombres y de duendes, de gigantes y de monstruos, e incluso de fetos que no han podido emerger a la vida y que se han quedado en el camino.

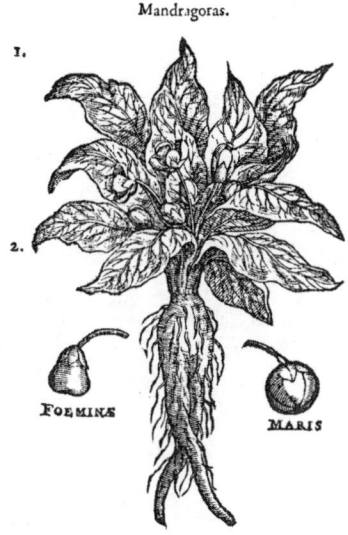

Mandrágoras.

Mandrágora, divina y peligrosa

Los celtas la tenían en gran estima, pues sabían de sus poderes y la trataban y administraban con respeto, cosa que no hacían otros pueblos que terminaban intoxicándose gravemente con ella, y debido a ello la prohibieron y la satanizaron, e incluso la persiguieron como si llevara al mismo diablo dentro.

DIENTE DE LEÓN
Frágil como el viento, depuradora de la sangre y amiga del buen latir del corazón, que viaja por todo el mundo y es símbolo del amor.

El maravilloso diente de león

Sus beneficios hepáticos y renales, antibilis y diuréticos, le han ganado un lugar en la farmacopea de todas las épocas y de todas las latitudes.

Antes de la lucha, una infusión de diente de león. Después de la batalla, una infusión de diente de león. Para todo enfado y espanto, una infusión de diente de león.

ENELDO
La hierba que todo lo calma: el dolor, el ansia, el

tormento, el mal, la enfermedad, las malas pasiones, los enredos del cuerpo y del alma.

El poder mágico del eneldo

El eneldo cura y depura. Aleja los males del humo, tanto el de la pipa como el de la hoguera, y fortalece los pulmones.

Su aroma despierta el apetito y los sentidos. Su sabor es dulce y fresco, por eso actúa contra el mal aliento y sirve para lavar los dientes sin mellarlos ni corroerlos.

Indispensable como medicamento y como condimento. Incluso se ha llegado a pensar que es eficaz para evitar y combatir tumores.

Esta hierba mágica fue llevada por los celtas hasta el norte de Europa, donde los nórdicos la hicieron una de sus hierbas favoritas.

LAUREL

La planta de la fortuna, de los héroes, del triunfo y de la abundancia, así como un preciado condimento que los celtas llevaron desde Anatolia (Turquía) hasta el Finisterre de la actual Galicia.

Laurel, la planta de la nobleza

Por tanto, planta mágica y culinaria donde se encuentre, adorada y divinizada por griegos y romanos, pues con ella coronaban a los héroes, a los gimnastas, a los cónsules, a los prelados y a los césares.

Llevar una rama de laurel en las alforjas o bolsas, atrae la abundancia y protege al viajero.

Su uso medicinal para sanar los males estomacales es muy antiguo y no ha perdido vigencia, pues es hepático y biliar, expulsa los gases estomacales e intestinales y facilita la digestión, algo muy necesario para los pueblos celtas que adoraban las comilonas y los grandes banquetes, con carnes tan duras como la del jabalí, y todo tipo de legumbres y vainas de lo más explosivas.

VIENTO

Aliento y humedad, viento que es fuente de vida y del respirar, que alerta de los peligros por los aromas fétidos que arrastra, o abre los apetitos y los corazones por la pureza o el perfume que conlleva.

El fluido o flujo que todo lo une en la naturaleza, tiene mucho de viento, de aire, de aliento, de estar vivo y de respirar.

Los seres humanos no existiríamos sin este aliento, por lo que en la cultura celta era considerado sagrado, sobre todo cuando era fresco, libre y sin contaminar, contrario a lo fétido y a lo podrido, al humo y a la resequedad o exceso de humedad, que enfermaban al ser humano y podían matarlo.

Para los celtas en las ciudades urbanas y civilizadas de su tiempo, el viento estaba corrompido, tanto por el hacinamiento humano como por sus desechos y basura, y se sorprendían de que sus habitantes no cayeran fulminados ante ese olor.

El viento para los celtas era sinónimo de libertad, lo más sagrado de su pensamiento mágico.

AGUA

Hija del viento, indispensable para la vida de todos y cada uno de los seres que habitan la Tierra, pero terrible en sus excesos y peligrosa para quien no la respeta o no sabe navegar por ella.

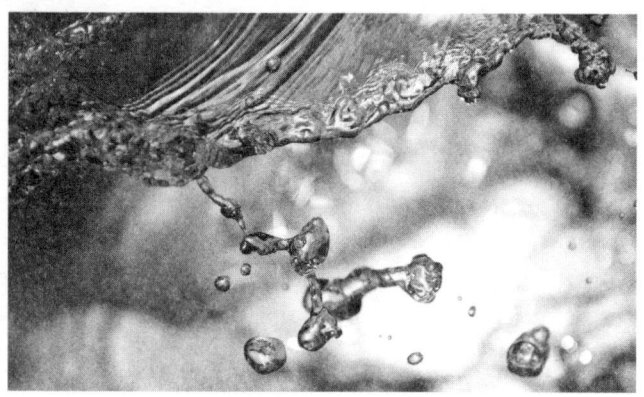

La sagrada agua

El agua depura y sana, limpia y restaura. Nunca debe estar corrompida porque enferma y mata. La lluvia es sana. El río es fuente de vida. El mar, un recurso inagotable. Los lagos, el hogar de las hadas. Donde hay agua hay esperanza. Donde hay agua hay progreso.

Preservar las aguas limpias es preservar la salud y la longevidad. Ensuciar el agua, como en las ciudades, enferma a sus habitantes. Por eso, para los celtas el agua es y era sagrada, incluso si se convierte en cerveza, como en Irlanda.

FUEGO
El transformador, que crea y que destruye, que

purifica las almas y los alimentos, que ilumina las noches y da calor en las temporadas frías, que reduce y aleja a las fieras, magia pura de la realidad y de los sueños, que también quema y hiere, mata y reduce a cenizas todo lo que va a su encuentro.

El fuego transformador

El fuego ha dado luz a la humanidad en las noches más frías y oscuras, y nadie sabe cómo ni por qué, no hay pueblo sobre la faz de la Tierra que no lo conozca, lo cree, lo domine y lo utilice.

En la cultura celta no hay un Prometeo que lo regale a los hombres, porque el fuego tiene vida propia y acompaña a la humanidad desde hace milenios sin necesidad de la intervención de un Titán.

Tampoco tienen una filosofía que lo considere uno de los cuatro elementos que conforman la materia.

El fuego es sagrado en sí, compañero de la cocción y de la magia.

Tierra y piedra

Madre de la semilla, campo del cultivo y la cosecha, sepultura de lo pasado, firmeza y sostenibilidad del alma y el cuerpo, arma y herramienta, contenedora de la energía y de la chispa que enciende al fuego, aparentemente inerte, pero creadora y llena de vida.

La tierra se hace piedra, y viceversa

Todo está vivo y vibrante en la mitología celta, incluso la roca más seca y dura tiene vida, emociones y sentimientos, y se mueve y se transforma, puede ser arena otra vez para volver a consolidarse fuerte y dura, ayudada por el agua, el fuego y el viento.

Los gigantes de piedra, en su momento, ayudaron a que el ser humano naciera, y, aunque no nos demos cuenta porque sus movimientos son muy lentos, todavía andan entre nosotros, manifestándose de vez en cuando, algunas veces de manera violenta, como terremotos y volcanes, por lo que hay que tenerles respeto.

HONGO

Divino hogar de duendes y hadas, alimento y veneno a la vez, potente como la mandrágora y luminoso como el beleño, vida que crece y florece de lo aparentemente sucio o muerto, y que abre la mente a otros mundos y sensaciones.

Divinidad de las sensaciones

Su variedad es muy amplia, y aprender a distinguir sus cualidades y peligros fue un camino tan largo como peligroso. Algunos son medicinales, otros tóxicos o alucinógenos y muchos delicioso alimento, por lo que siempre han acompañado al druida tanto como al caldero.

La lista arcaica de los dioses celtas

La lista sería prácticamente interminable, ya que los celtas veían seres divinos en todo y en todos, con vida y comportamiento propios, cualidades y defectos, ayudas y amenazas, hermanos y compañeros de los hombres en este mundo y en este trayecto al que llamamos vida.

Todo está vivo, y más que adoración o temor, todo merece respeto. Todo está en simbiosis, todos necesitamos de todos, porque todo está entrelazado por el flujo eterno.

La leyenda de las flores y las hadas

Cuenta la leyenda que hace mucho, mucho tiempo, las flores caminaban sobre todo el planeta, viendo todo y pensando en todo, hasta que un día decidieron asentarse en una hermosa pradera donde la vista del valle y de las estrellas era maravillosa, así que echaron raíces y se quedaron quietas, mecidas solo por el soplo de los vientos.

Un día quisieron moverse, pero ya no pudieron hacerlo, y se sintieron tristes.

—¿Cómo vamos a hacer ahora para reproducirnos? —. Se lamentaban.

—¿Cómo vamos a hacer ahora para ir lejos y más lejos?

—Necesitamos ayuda —dijo una de ellas—, llamemos a las hadas.

Las hadas acudieron al llamado de las flores.

—¿Qué desean?

—No podemos movernos —se quejaron—, y no sabemos cómo reproducirnos estando quietas.

Las hadas se quedaron pensativas y al fin respondieron:

—No podemos deshacer lo que está hecho, pero podemos crear a las abejas y a las aves para que lleven sus granos de polen muy lejos y nazcan nuevas flores por el mundo entero.

Y así lo hicieron.

Las flores quedaron contentas y ofrecieron sus pétalos como hogar para las hadas, y desde entonces viven y conviven felices de acuerdo a la naturaleza.

III

Mitología de los celtas originarios: Los ocultos

Lo esencial
se ve solo con los ojos
del alma
y del corazón.

Antoine de Saint-Exupéry

Es posible que la palabra "celta" provenga del griego y que signifique "oculto", aunque no se sabe a ciencia cierta, lo que sí se sabe es que los griegos llamaban a los pueblos seminómadas del centro de Europa "los ocultos".

Así los llamaban los griegos, pues los celtas no eran muy amigos de mostrarse demasiado ni de elevar suntuosas construcciones.

Podían durar siglos en un lugar, pero no hacían ostentación de ello y siempre estaban listos para marchar a otro sitio.

Sus construcciones por más de un milenio fueron empalizadas a modo de murallas, que resguardaban las chozas o casas de madera, que preferían levantar en los claros de los tupidos bosques, cerca de agua corriente, en lugar de instalarse en lo alto o en las explanadas.

También construyeron casas con formas redondas, como los etruscos, y ocuparon grandes extensiones de tierra, pero sin dañar a la naturaleza.

No formaron nunca una gran nación. Los grupos celtas eran células que se asentaban a lo largo y ancho de Europa, cada quien con su jefe, monarca o cacique, aunque compartían, gracias a los druidas, lengua y algunas creencias.

A diferencia de los jefes o cabezas o tribus, los druidas de distintos pueblos sí se reunían para reforzar alianzas y compartir conocimientos.

Había de vez en cuando certámenes y competencias entre los pueblos celtas, más o menos violentos, o de ejercicio de la fuerza y el poderío para cortar árboles o subirse a ellos, o para cargar enormes piedras, muy similares a las competencias nórdicas, irlandesas y vascas que aún se practican en nuestros tiempos.

No invitaban a otros pueblos no celtas a sus banquetes y ceremonias, a sabiendas que no podrían mover ni siquiera un palmo una gruesa roca que ellos levantaban como si nada del suelo, porque mientras sus vecinos se ejercitaban en el gimnasio y celebraban competencias físicas, ellos derrumbaban gigantescos árboles y levantaban rocas, trepaban y luchaban cuerpo a cuerpo con las fieras.

Algunos poblados celta tenían ganado, pero la mayoría prefería la caza de fauna salvaje, siendo los jabalíes y las grandes liebres sus preferidos, aunque no despreciaban la carne de gamo, oso o lobo, ni la de gatos o perros ferales.

Generalmente, se mantenían lejos de la civilización, hasta que la civilización llegaba a sus puertas, como sucedió en París-Lutecia o en Anatolia, señal de que la hora de partir había llegado, ya fuera por presión social o porque el enemigo era demasiado poderoso como para derrotarlo.

Como se dice ahora, mantenían un perfil bajo y discreto, ocultándose de otras etnias que no les parecían agradables.

Eran bravos guerreros, pero también prudentes cuando una fuerza los rebasaba.

Salud y magia

Para los pueblos celtas en general y para algunas comunas celta en particular, la salud no solo era importante, sino esencialmente mágica, con un carácter físico y emocional muy importante.

La utilización de infusiones de diferentes hierbas era habitual tanto para prevenir como para remediar malestares y enfermedades, como el romero, el diente de león, el beleño, la mandrágora, la hierba de San Juan o hipericón, el cáñamo, la camomila o manzanilla, la menta, la albahaca y muchas más, incluidas cortezas de árboles y hongos, formaban parte de su huerto para la alimentación, y de su botiquín para la salud.

Practicaban el ayuno y el vegetarianismo, probablemente desde su salida del Punjab, pero no eran fanáticos, ya que las necesidades de la vida natural exigen una alimentación suficiente para afrontar el ejercicio diario.

Comían mucho en las celebraciones, pero no demasiado a diario, pues la dieta era importante para mantener el cuerpo y el alma sanos.

El sexo era un ejercicio más, y no una fuente de infecciones o pecado, porque su práctica era bastante endógama, es decir dentro de la empalizada donde prácticamente todos sus integrantes eran familiares de alguna manera, lo mismo que sus dioses. Lo mágico y milagroso era el embarazo, ya que producía vida y la vida misma para los celtas era magia y un milagro.

El cuidado de la infancia era importante y la lactancia dilatada, así como el trabajo diario y el "servicio militar" con el que se ejercitaban, todo ello sin dejar de asistir a clases con el druida de la comuna, que los instruía y les transmitía las tradiciones y los conocimientos ancestrales de los celtas.

La vida y la salud, como elementos naturales y mágicos, se celebraban, se cuidaban y se protegían como algo sagrado, incluidos los ancianos.

LA MUERTE CELTA

La vida era mágica y un milagro, pero la muerte no se quedaba atrás.

Contaban con entierros y ritos funerarios muy elaborados, aunque sin llegar a los extremos etruscos, y la cremación era opcional, con el ritual consecuente de lanzar las cenizas al aire, en una montaña, en un bosque, en un río, en un lago o en el mar o mantenerlas en una urna.

Cementerio celta irlandés

Había tumbas circulares, rectangulares o de piedra, con dolmen incluido; las que se quemaban con todo, o las que permanecían y eran recuerdo del difunto.

Se sabían mortales, pero la muerte no era ningún final desastroso, sino una transformación, un cambio, a veces un poco doloroso y radical, pero un cambio al fin y al cabo.

El martirismo, el sacrificio y el suicidio no eran nada habituales, ya que no esperaban ningún premio o castigo después de la muerte, aunque el honor y la bondad siempre eran bien aceptados porque hacían mejor la vida de la comunidad, y no porque eso los fuera a convertir en santos. Se podía hacer de todo en esta vida sin necesidad de molestar o de causar algún daño a terceros.

Tras la muerte, una persona, un héroe y hasta un dios podía convertirse en un animal, una planta, una flor, una fruta, un árbol o un insecto, y hasta en una piedra, y no porque evolucionara más o menos, sino porque ese era el ciclo normal de la naturaleza donde todo vuelve o se recicla.

Todo queda en este mundo, nada se pierde, ni siquiera el alma o el espíritu, porque los sentimientos y los pensamientos quedaban grabados en la memoria, en el viento, en el agua y en el tiempo. Iban y venían, pero nada desaparecía para siempre, solo se ausentaba o viajaba a otro lugar, pero seguía presente de alguna forma o en algún sitio.

Entierro celta en dolmen

Incluso los actos de la vida trascendían los dominios de la muerte, y quedaban plasmados en una especie de éter o humo que se elevaba o impregnaba todo el ambiente. Los aromas eran formas espirituales que transmitían la esencia de los que iban al inframundo y conectaban un mundo con el otro de manera permanente.

Los espíritus eran menos formales que los humanos, y a menudo gastaban bromas, algunas muy pesadas, a los vivos, por lo que algunos que habían sido casi santos en vida, se volvían traviesos tras la muerte, ya que del otro lado tenían menos restricciones físicas y más posibilidades o poderes.

Acompañar al difunto, John Duncan (1912)

Los dioses podían ser muy duraderos, pero no eternos materialmente, pues ellos también mutaban al morir y sus espíritus podían ir a parar a un jabalí, tan necesario para la cena, o a un cuervo, o convertirse en un diablillo tremendo.

La vida había que vivirla, y la muerte, también.

ACOMPAÑAR AL DIFUNTO

En algunos grupos celtas que se dispersaron por el norte de Europa, existía la creencia de que el difunto se llevaba a otra persona para acometer el camino en el otro mundo, es decir, que no quería irse solo.

Esta creencia también se practica en muchos otros pueblos que poco o nada tienen que ver con los celtas.

En China, el emperador difunto se hacía acompañar de su guardia personal, o al menos de los guerreros de terracota que la representaba.

En Egipto, el Faraón se hacía acompañar de su guardia, sus sirvientes y sus mujeres o esposas.

El Maharajá hindú se cremaba junto a su esposa.

En otras latitudes, como México o Tailandia, aunque no sea de la nobleza, el difunto o la difunta "se lleva de paso" a cualquier familiar o asistente a su entierro.

Los celtas nórdicos se hacían acompañar por su mujer en el barco que sus deudos lanzaba a alta mar, donde la mujer tarde o temprano también encontraría la muerte.

Y sí, muchos estaban contentos de acompañar a su amo, esposo o simple difunto al más allá, porque sin el difunto su vida en la comunidad perdía sentido, o porque al morir el jerarca sus enemigos y aspirantes al poder podían ser más crueles que la muerte misma. "Prefiero morir que entregarme a los lobos".

La muerte y ausencia del líder podía ser muy desastrosa para quienes lo habían servido o acompañado en vida.

En algunos casos era opcional o simplemente simbólico, se acompañaba al difunto con oración y meditación, incluso con reclusión y largo luto, pero no se perdía la propia vida al hacerle acompañamiento.

Muerte en vida tras la pérdida de un ser querido, algunas veces en lapsos de hasta siete años, pero no la muerte física.

RITOS FUNERARIOS

Los ritos funerarios entre los celtas son tan diversos como su historia y su mitología, pero en muchos de ellos la cremación era lo más habitual, e incluso moler los huesos, que resistían al fuego, para depositarlos en una urna, tal como hacemos ahora, y colocar la urna en un lugar del hogar, o enterrar la urna en un hueco en la montaña o en la tierra.

En algunos casos se hacían grandes celebraciones y banquetes, pero en otros simplemente se enterraba al muerto con algunas de sus pertenencias queridas mientras estaba vivo, el ajuar de las mujeres solía ser más rico que el de los hombres, pero a menudo solo se les enterraba con lo puesto.

Los enterramientos celtíberos parecen ser los más elaborados, los nórdicos más emocionales y los galos más pragmáticos, mientras que los irlandeses ya son muy parecidos a los entierros católicos.

El dolmen

Los dólmenes y los celtas van de la mano en las creencias populares, tanto como centros funerarios, o bien, como lugares mágicos cargados de energía espiritual, el flujo eterno, donde se puede meditar, orar o hacer magia y rituales especiales.

Dolmen, "mesa grande de piedra", en bretón

Sin embargo, estas estructuras megalíticas son comunes en buena parte del planeta, hasta en Corea, si bien es cierto que la Europa de las Edades de Bronce y Hierro fue más productiva al respecto, y que algunos celtas, como los celtas galos y bretones, fueron responsables de muchos de ellos.

Hay dólmenes para todos los gustos, más o menos elaborados, en las faldas de una montaña o en el claro de un bosque, e incluso algunos más modernos que son auténticos mausoleos.

Dolmen coreano, en Ganghwa

En algunos se depositaban varios huesos de distintas personas, por lo que también se les considera fosas comunes, pero en otros no se ha encontrado nada, ni huesos ni cenizas de muertos o de otras materias, simplemente piedras pesadas y rústicas, unas encima de las otras, que guardan un increíble equilibrio.

¿Marcaban un territorio? ¿Eran centros ceremoniales? ¿Punto de reunión de los druidas? ¿Lugar donde se celebraban aquelarres? ¿Puertas dimensionales? ¿Lugares de culto? ¿Cómo es posible que se encuentren en medio mundo sin comunicación ni difusión entre los lejanos grupos humanos?

La realidad es que no se sabe, por lo que la imaginación puede darles todo tipo de sentido y uso, y pensar, por ejemplo, que son templos celtas originales.

Una sociedad sin dioses

Tal parece que los primeros grupos celtas del centro y norte de Europa no tenían dioses propiamente dichos. Ni religión.

No contaban con centros ceremoniales ni con efigies de supuestas divinidades. No hay templos en sus empalizadas ni en sus ciudades celtíberas.

Los druidas no eran considerados divinos, sino maestros sabios. Las mujeres no eran consideradas sagradas por parir. Sus caballos, tan queridos como necesarios, eran sus hermanos menores, y sagrados por estar vivos, pero no divinos.

No tenían patria específica, y si tenían que moverse se movían, y si tenían que quedarse, se quedaban, pero no marcaban límites específicos ni de tiempo ni de espacio para sus estancias terrenales. Las batallas que tenían con sus vecinos raras veces era por la posesión de las tierras, porque sabían que nada de lo que nos trasciende se puede poseer.

Tampoco había un gobierno definido, líder y cacique, sí, pero no gobierno, ni siquiera una confederación celta al estilo de los iroqueses, aunque sí tenían un denominador común: vivir de acuerdo a la naturaleza.

Había acuerdos entre pueblos celtas, y hasta uniones y desuniones, afectivas o matrimoniales, pero por lo general cada célula celta era independiente y autosuficiente con respecto a las demás, por lo que los intercambios eran mínimos y nadie le pedía nada a nadie.

Cada grupo tenía su propio druida (o tres o cuatro, dependiendo del tamaño y las necesidades de educación del grupo), que sí se reunía con los druidas vecinos para intercambiar conocimientos, pero que era leal y fiel a su propio grupo, por lo que dicho intercambio no incidía directamente en las decisiones del pueblo.

Cuentan que hay grupos celtas nórdicos y celtíberos que se mantienen fieles a esta forma de vida muy parecida al anarquismo nihilista, sin patria ni dios ni gobierno, incluso sin fama, gloria o dinero, toda una utopía en el mundo actual, e incluso en el mundo clásico donde griegos y romanos acabaron imponiendo las condiciones y el pensamiento del mundo occidental.

Tal parece que los más antiguos celtas, los cultos, todavía pueden darnos lecciones y opciones de vida.

IV

MITOLOGÍA DE LOS CELTÍBEROS:
LOS SEÑORES DE LOS CABALLOS

Estando tan visibles
y presentes,
se han mantenido
aparte y ausentes.

PROVERBIO CELTA

¿QUIÉNES SON LOS CELTÍBEROS?

Por lo menos en el siglo XI antes de nuestra era ya habitaban la cornisa cantábrica del norte de España, ahí están sus ciudades antiguas y posiblemente también las actuales.

Pero esa no es la única hipótesis, pues está la de los ligures, que supuestamente descendieron de Suiza a la península ibérica; y la de los ilirios de Julius Pokorny, supuestos primeros pobladores con lengua celta en lo que hoy es España.

Siguiendo la pista de las lenguas célticas, los ilirios habrían llegado en el siglo XII antes de nuestra era, seguidos de un par de grandes emigraciones celtas en los siglos VI y III antes de nuestra era.

Por supuesto, hay quien defiende más migraciones celtas desde la Galia y Bretaña a partir del siglo V de nuestra era, cuando Teodosio declara obligatoria y universal a la Iglesia católica, apostólica y romana, que en cierta manera se va a quedar a cargo del casi extinto Imperio romano, con la ayuda de los godos, primero, y de los germanos más tarde, quienes se mantuvieron al mando por lo menos hasta la desaparición del Imperio germánico romano de Carlo Magno, para unos, o hasta la desaparición de los Estados Pontificios, para otros, cuando los celtas más visibles eran los irlandeses, mientras que los celtíberos siguieron sumidos en el misterio, gracias a su discreción y al poco interés del mundo medieval y moderno.

Los pocos estudios que se hacen actualmente sobre los celtíberos provienen de Irlanda, y a veces de la misma España, intentando quitarse la égida del catolicismo y buscando profundizar en lo que realmente fueron los celtíberos.

De una o de otra manera se sabe que los celtas, con su lengua y sus costumbres, llegaron a lo que hoy es España y Portugal sobre el siglo XIII antes de nuestra era, y que dieron lugar a varios pueblos como los lusitanos, galaicos, astures, vacceos, vetones, carpetanos y pelendones, entre otros menos conocidos.

No se puede decir que invadieron o conquistaron el territorio, pues su estilo de vida no era para nada impositivo ni conquistador, por lo que pueblos íberos como los tartessos o los almogávares no se vieron especialmente afectados por su presencia.

Hasta hace poco se pensaba que los celtíberos ocuparon solo la cornisa cantábrica hasta lo que hoy es Portugal, pero estudios recientes los sitúan prácticamente en todo el territorio peninsular, tanto por el rastro lingüístico como por algunos asentamientos y dólmenes que apenas se están investigando.

UN PUEBLO SIN DRUIDAS

Las presiones territoriales griegas, primero, y romanas, después, fueron aislando a los distintos grupos celtas de la península ibérica, que de por sí ya eran discretas y bastante independientes, hasta el punto de desconectarlas del todo, con lo que muchas de sus tradiciones se fueron perdiendo, como la de tener a un druida como maestro de sus juventudes.

Algunas fuentes, que no las arqueológicas o académicas, aseguran que los druidas se mantuvieron entre los pueblos celtas del norte de España, tanto en Navarra como el País Vasco, la Rioja, Burgos, Asturias, Galicia y norte de Portugal, mientras que desaparecieron de los celtíberos que se asentaron en Soria, Zaragoza, Cataluña y Valencia; mientras que en el sur de España, las actuales Murcia y Andalucía, quedan algunos claros rastros de los celtíberos, pero no de sus famosos druidas, que fueron desapareciendo a medida que los celtíberos se acercaban a las formas "civilizadas" de ciudad estado, y, ya se sabe, la magia y los prodigios no suelen tener lugar visible en las poblaciones "racionales".

LOS SEÑORES DE LOS CABALLOS

Una de las habilidades celta más destacada, tanto en Europa Central como en la península ibérica, era su dominio ecuestre, con jinetes, hombres y mujeres, capaces de disparar el arco o acertar con la lanza con el caballo a galope.

No utilizaban carros de guerra, pero podrían haberlo hecho tranquilamente, porque sí tenían carros de carga.

Es posible que hayan transmitido su amor y fervor a esta bestia entre los romanos, pues tanto para los celtas como para los romanos comer carne de caballo era una blasfemia contra los dioses y un horroroso pecado, cosa que sí hacían los primeros cristianos al robar, sacrificar y cocinar a los caballos de las postas, o del correo, que todo el mundo respetaba mientras esperaban ser el relevo de otros caballos, menos los cristianos.

Cuentan que los celtas y los romanos aborrecían a los cristianos por tan salvaje práctica, y esa fue una de las razones por la cual los celtas no abrazaron nunca el catolicismo ni el cristianismo, porque era una religión de salvajes come caballos.

PRESENTES, PERO NO PARTICIPANTES

Tanto los primeros celtas como los celtíberos estuvieron presentes en el desarrollo e historia de toda Europa, con la eclosión y la recuperación cultural de Grecia, la fundación real y mítica de Roma, la decadencia y recuperación de los reinos de Medio Oriente, el rescate de las ideologías y religiones semíticas, el comercio de los cartagineses, la fundación y declive de Tartesia, las migraciones de Oriente, los ataques de Atila, las incursiones de los vikingos, la creación del Imperio carolingio, la presencia en España de los reyes godos y visigodos, la conquista de esa misma España por los árabes y los moros, y los cambios de fronteras a punta de bayoneta en toda Europa.

Pero no se tiene memoria de su participación en ninguno de estos procesos históricos y sociales, pues estuvieron presentes, pero no fueron participantes, pero sí sus descendientes en Escocia, Gales e Irlanda, donde adquirieron el rango de reinos de la mano de la Iglesia católica y el protestantismo, dejando en cierta forma de ser los celtas de siempre, para convertirse en celtas irlandeses con una nueva mitología y una historia propia, que decantó en los más terribles enfrentamientos entre celtas que se habían vuelto católicos, y celtas que se habían vuelto protestantes, enfrentados y dominados por la pérfida Albión, Inglaterra.

Quizá lo mejor hubiera sido mantenerse alejados del mundanal ruido y de sus luchas internas y externas, como algunas comunas celtíberas que duraron libres e independientes hasta las postrimerías del siglo XX, presentes, pero no participantes en el devenir de esa locura humana que llaman Historia.

Vieron y sufrieron tanto a Alejandro Magno como

a Julio César, y tuvieron diversas escaramuzas con sus tropas y legiones, a las que resistieron, pero no vencieron.

Los celtíberos se mantuvieron más a la sombra que sus hermanos galos y bretones, porque no querían ni les interesaba ser parte de este convulso mundo.

Celtíberos de Murcia

MITOS Y CREENCIAS CELTÍBERAS: NUMANCIA

Los celtas de Numancia soportaron veinte años de cerco romano en el siglo II antes de nuestra era, y prefirieron morir de hambre antes que rendirse a los romanos.

Aunque no les interesaba el dinero, los celtíberos tenían mucho oro y cultivaban con éxito extensos terrenos antes yermos, algo que atrajo la ambición romana, y que si bien nunca los pudieron dominar del todo ni saquearlos como querían, sí les pusieron impuestos, según Marco Marcelo, que llevó a Roma setecientos talentos como gran victoria.

Ruinas de la Numancia celtíbera

En otras palabras, que los mitos y leyendas celtíberos son prácticamente históricos, lo mismo que su historia es prácticamente legendaria.

Sí, hay muchos vestigios celtíberos en toda España, y sin embargo hay muy poca información veraz y contrastada, lo que ha dado lugar a todo tipo de interpretaciones sobre los hechos.

El cerco numantino de los romanos sobre los celtíberos duró veinte años en lo que ahora es la Comunidad Autónoma de Castilla y León, provincia de Soria. Veinte años de batallas entre uno de los ejércitos más poderosos de la historia contra un grupo aguerrido y bien fortificado de celtíberos, que resistió y peleó hasta el último momento por su libertad, su independencia y su estilo natural de vida.

La famosa defensa numantina, valor y honor, donde hombres, mujeres y niños defienden su hogar ante el poderoso y necio invasor.

Cuando el fin era inminente y ya no quedaba nada dentro de Numancia más que orgullo y resistencia, sus ya escasos ciudadanos decidieron dejarse morir antes que entregarse al opresor. Un verdadero genocidio.

Numancia cayó finalmente en el verano de 133 antes de nuestra era, tras trece meses de brutal asedio romano, sin agua, sin comida ni asistencia médica, a manos del general Escipión, el Africano, que se cubrió de horror, y no de gloria, tras el terrible suicidio colectivo.

¿Fue una ciudad fundada por los celtíberos? De ser así la cronología de la presencia celta en la península ibérica se desmorona, pues los inicios de la ciudad se remontan al siglo XVIII antes de nuestra era, en plena Edad de Bronce, y no al siglo XII ya en plena Edad de Hierro.

Cabe la posibilidad de que otros pueblos íberos la hayan comenzado y que los celtas llegaran más tarde como inmigrantes, pero no como conquistadores ni como usurpadores, hasta que Numancia fue celtíbera del todo.

Sus conflictos con Roma son antiguos, ya que otros pueblos perseguidos por los romanos a menudo se refugiaron en Numancia.

En una de las batallas más memorables, los guerreros celtíberos derrotaron a las legiones romanas (con 30.000 hombres) comandadas por Quinto Fulvio en el 153 antes de nuestra era.

Los celtíberos numantinos desaparecieron del todo, no quedó ni uno para muestra, pero la ciudad sobrevivió y fue ocupada por diversos grupos humanos, incluidos los godos, y la zona, boscosa y húmeda en su tiempo con grandes explanadas, fue punto de estancia para diversos pueblos íberos, nómadas y semi nómadas, pero ninguno como los celtíberos que logró grandes cultivos y una hermosa ciudad, con la gran novedad en aquellos tiempos de la hospitalidad y la solidaridad con los pueblos vecinos en lugar de hacerles la guerra, esclavizarlos o destruirlos.

HOSPITALIDAD, SOLIDARIDAD Y ACEPTACIÓN

Entre las poblaciones celtíberas había el denominador común de la hospitalidad, la solidaridad y aceptación, tanto entre sus habitantes como con sus pueblos vecinos, pues en realidad solo eran bélicos con los pueblos como los griegos y los romanos que querían despojar por la fuerza de sus recursos tanto a los celtíberos como a los íberos en general.

Los celtíberos estaban más civilizados que los celtas de otras regiones, por lo menos hasta el siglo V de nuestra era, pero seguían viviendo más acordes a la naturaleza que a las leyes y a las normas.

Precisamente la hospitalidad, el clientelismo bien entendido y la devoción o aceptación que daban y recibían de sus vecinos, eran sus normas más habituales de comportamiento social.

Dominaban la agricultura tanto como la ganadería, e intercambiaban sus excedentes con los pueblos cercanos. Gustaban de las vestimentas llamativas, los ornamentos y la limpieza física, y les agradaba tener fama de aguerridos guerreros.

Su alfarería era destacada, y sus ciudades y casas sólidas y resguardadas, con preferencia por las construcciones circulares y las explanadas, incluso en lugares tan accidentados geográficamente como Teruel.

Dioses celtíberos

Como en todos los pueblos celtas, la religión no suele formar parte importante de los celtíberos, y la información que hay al respecto es parca y a menudo falsa o tendenciosa.

Por supuesto, seguían respetando, más que adorando, a la naturaleza; y el sol y la luna formaban parte de sus creencias, lo mismo que las hierbas mágicas, los ríos, los árboles y los animales de granja o de caza y pesca, pero la ausencia de templos específicos a dioses determinados marcan la pauta de sus creencias.

Cernunnos galo

Algunas figuras míticas y amuletos dan algunas pistas como el Cernunnos galo (hombre con cuernos), pero no definen el grueso de sus creencias, sobre todo porque estos llegaron en las últimas migraciones celtas sobre los siglos IV y V de nuestra era, muy alejados de las creencias de los celtíberas de mil años antes.

Como se ha señalado antes, parece que en algún momento dejaron de contar con los servicios y las enseñanzas de los druidas, por lo que muchas de las creencias y tradiciones antiguas se fueron perdiendo.

Otras deidades son mucho más modernas y pertenecen en realidad a los celtas nórdicos y a los celtas irlandeses, o versiones reformadas de los antiguos celtas ya inscritas en celtas más actuales.

De cualquier manera, las siguientes deidades parecen ser las más habituales de Celtiberia:

Sucellos

Dios de los bosques, de la siembra, de las hierbas mágicas y de las bebidas que alegran el cuerpo y el alma.

Sucellos, señor del vino sagrado

Muy apreciado por los celtíberos lusos (portugueses), donde era tomado como la divinidad del vino y de la buena mesa.

No contaba con templos, pues en cada banquete se le celebraba y se gritaba su nombre chocando las copas.

Tiene ciertas semejanzas a Baco y a Dionisio, y hay hasta quien lo emparenta con los demonios y los pecados, sin llegar a ser el diablo, y quienes simplemente le llaman el Dios de los Borrachos.

LUGH

El dios sol, o simplemente el dios de la luz, común en casi todas las culturas celtas, aunque en las nórdicas es un ser femenino y no un dios masculino, dador y procurador de luz y vida, de calor y de energía.

Relieve de Lugh

Pero también peligroso, destructor y agresivo, quizá más importante para galos e irlandeses, pero también presente en Celtiberia, no en vano le da nombre a las ciudades de Lyon y de Londres, e incluso a Lutecia, la Ciudad de la Luz, París.

Además es Señor de los Artesanos, y de todos los que se dediquen a trabajar con las manos; y, en resumen, para algunos autores es el Dios de Todos y de Todo, el más elevado, aunque no hay acuerdo respecto a ello porque lo igualan a los dioses del monoteísmo, tan ajeno a la cultura celtíbera, donde no hay un dios eterno y trascendental que se ocupe de la creación y del destino de los hombres, eligiéndolos, premiándolos o castigándolos a capricho.

EL SIN NOMBRE

Lo más cercano al monoteísmo, es el Dios Sin Nombre y sin figura ni aspecto físico, que algunos llaman el Flujo o el Fluido que une a todo el universo desde el principio de los tiempos. Citado por el sabio Estrabón, queda más en la mítica y en la mística que de la cosmogonía clásica celta, que en una posible secta druídica o religión.

LAS MATRES

Como buenos parlantes de las lenguas indoeuropeas que derivaron en la lengua celta, los celtíberos tuvieron a las matres como señoras de la fertilidad de las mujeres, la fecundidad de los campos y del agua, tanto salada como dulce, tenidas en cuenta tanto por los celtíberos como por los romanos, los germanos y los celtas galos, celebradas tras las cosechas y las lluvias, y posiblemente con sacerdotisas que animaban el culto, aunque este dato no está del todo confirmado.

La matres o maras

La Gran Señora de los Caballos, que quizá sí contaba con amazonas o sacerdotisas que la celebraban después de las cacerías o de las batallas.

Los caballos eran los hermanos sagrados de los celtas en general, y de los celtíberos en particular, pues servían para todo y eran excelentes compañeros nobles, leales y fieles, valientes en la batalla y amorosos en el establo, no en vano los mismos celtas y celtíberos fueron llamados los Señores de los Caballos.

Epona era el alma de dichas bestias, la guerrera y la viajera, una yegua sagrada y más terrena que celestial.

Epona, Madre de los Caballos

CERNUNNOS

El Señor Natural, hombre y animal a la vez, dios de la fertilidad masculina y de la regeneración que recuerda que en este mundo todo es naturaleza y todo son Ciclos Naturales, rodeado de vida y de nuestros hermanos animales, más popular entre los galos, pero presente en la cultura celtíbera.

A estos dioses más o menos arqueológicos, hay que añadirles todos los elementos naturales considerados sagrados que no requerían más templos ni sacerdotes o druidas que la misma naturaleza.

Los celtíberos fueron un poco más civilizados que sus pares, pero no cayeron en religiones ni en la confección de templos o similares, aunque sí mejoraron en cierta medida el arte funerario al estar más asentados.

Los cementerios celtíberos

El destinar una zona o terreno específico para enterrar a sus muertos fue más fácil para los celtíberos que para otros pueblos celtas de la Europa Central, con lápidas, túmulos, estelas y hasta una especie de mausoleos, con o sin inscripciones, y sin dejar de lado las habituales cremaciones con urnas para las cenizas y pozos donde depositarlas, e incluso con rituales de lanzar las cenizas al mar, al monte, al río o a las flores.

Hay estelas labradas con amuletos, y tumbas donde los muertos lucen ajuares de todos los tipos, y entierros más sencillos, pero todos sin dioses de por medio ni demonios amenazantes y mucho menos infierno.

Lo que es de la tierra vuelve a la tierra, y los humanos son de la tierra, incluso sin apelar a Dana, la tradicional (o asimilada) Madre Tierra, porque todo sigue un proceso natural de nacimiento, muerte, descomposición y renacimiento. De una o de otra manera todo se regenera sin necesidad de intervenciones divinas.

LA LEYENDA DEL SIN NOMBRE[2]

¿Quién eres?
Nadie.
¿Nadie?
Solo soy el que todo lo doy.
El que todo lo hago.
¿Un dios?
No, no soy un dios ni nada parecido.
¿Humano?
No, tampoco soy humano.
¿Vives o mueres?
Solo existo, ni mortal ni inmortal.
¿Qué puedes hacer por mí?
Nada, ya lo he hecho todo, lo demás depende de ti.
¿De mí?
Sí, de ti y del ciclo natural.
¿Te puedo rezar, alabar, adorar?
Puedes, pero no te haré ningún caso, de nada te servirá.
¿Deseas un templo?
No, nada deseo, sigue tu camino.

---

2   Canto celtíbero.

¿Cuál es tu nombre?
Ninguno, no tengo nombre.
No lo entiendo, ¿entonces por qué te puedo oír?
Quizá porque tienes oídos.

EL ARTE CELTA DE LA GUERRA

En un reciente estudio preliminar para *El arte de la guerra*, para esta casa editorial (Plutón Ediciones), no podía faltar la figura de un pueblo luchador y guerrero como el celta.

¿Cuál fue la primera guerra entre humanos? No lo sabemos. Pero es muy posible que desde las épocas de las cavernas se luchara por territorio, semillas, frutos, caza y pesca, o por la utilización de las aguas de un río o una laguna.

Para los celtas, por ejemplo, la guerra era algo natural, presente en todos los estadios de la naturaleza.

Las hormigas hacen la guerra, y con ello impulsaron el mito de los mirmidones en la cultura griega.

Las abejas hacen la guerra contra quien sea si ven amenazado su panal, si bien es cierto que contra los osos y los humanos poco pueden hacer para preservar su miel y mantener a salvo a la colonia.

Los monos luchan contra los perros.

Los babuinos tienen prácticamente un ejército contra depredadores.

Los depredadores están en guerra eterna contra otros depredadores, lobos contra tigres y leones contra hienas.

Los humanos, animales naturales al fin y al cabo, también hacen la guerra, tanto y de tal manera, que en algunas ocasiones se ha convertido en un arte, como señala el mítico general Sun Tzu (Tzun Tzu en algunos textos), al que algunos dan como el autor de *El arte de la guerra* y otros lo consideran simplemente un personaje.

La vida en muchos sentidos, nos dice Sun Tzu, es una larga guerra que siempre se pierde en la batalla final, por lo que no importa ganar o perder, sino la forma en la que se gana o se pierde.

"No hay mejor batalla que la que no se libra".

"Vencer sin derramar sangre es la mejor manera de hacer la guerra".

Los espartanos eran un pueblo de guerreros, todos sus integrantes tenían formación física y militar en el uso de las armas y en las estrategias de la guerra.

Los celtas, quizá menos organizados, también formaban a sus habitantes en la lucha y en la destreza del arco y la flecha, la lanza y el escudo.

"Si quieres la paz, prepárate para la guerra", cuentan que decía Roosevelt, aunque la frase se ha adjudica a muchos otros.

¿Sirve realmente la guerra para mantener la paz? Para los celtas era algo natural e inevitable, para Sun Tzu y para muchos otros generales que en el mundo han existido la respuesta es sí, por eso es que muchos pueblos que vivían en armonía formaban sus ejércitos.

Los atenienses, menos rijosos que los espartanos y que los celtas y germanos, contaban con un
ejército de ciudadanos perfectamente preparados,
y también con mercenarios o guerreros profesiona-
les, como lo fueron Ulises (Odiseo) y Aquiles en la
mítica Guerra de Troya.

La estrategia de engañar al enemigo para que rin-
diera sus puertas y murallas con un enorme caballo de madera, se ha mantenido viva hasta nuestros
días.

**Elena de Troya, pintura de
Anthony Frederick Augustus Sandys (1867)**

Dicen que "en el amor y en la guerra todo se vale",
y en Troya tanto el amor, aunque adúltero entre Pa-

ris y Elena, y los intereses de las vías comerciales entre Occidente y Oriente, llevaron a un largo asedio sobre la ciudad hasta que los griegos vencieron, tomaron la ciudad y "liberaron" a Elena para entregarla a su legítimo esposo, el viejo Menelao, rey de Esparta.

Paris (que por su nombre parece tener algo de celta), mató a Aquiles casi sin querer al no acertar con la flecha al cuerpo, pero sí a su talón y único punto débil de su organismo, o bien como una sabia estrategia.

"La estrategia lo es todo", nos diría el general Sun Tzu en *El arte de la guerra*, porque hay que conocer muy bien al adversario, sus puntos débiles, sus rutinas, sus posibilidades de triunfo, su número y su temperamento, y en este renglón los celtíberos fueron maestros.

También hay que conocerse a uno mismo, como diría Sócrates, y saber los propios defectos y virtudes sin engaños ni falsas ilusiones. Si eres celta debes saberlo, como a aquel al que le preguntaron "¿quién eres?", y respondió: "Nací en el Tajo, soy libre e independiente, desciendo de ninfas y héroes, conozco los secretos de las flores, no hace falta preguntar lo que a la vista tienes".

Valor, justicia y templanza, nos diría Marco Aurelio, porque toda guerra debe tener un sentido, un por qué, sea el que este sea, y si es noble y sincero, mejor que mejor.

Hacer de este un mundo mejor, transmitir ciencia, tecnología, modernidad, valores morales y educación a otros pueblos: fue la intención tanto de Marco Aurelio como de Sun Tzu, cuando de cierta manera y en cierta medida los celtíberos ya lo habían logrado.

Los celtíberos querían que su mundo particular se mantuviera libre, natural e independiente, sin importar si el resto del mundo era peor o mejor, y el sentido de sus guerras y batallas era normalmente de defensa, pues no buscaban fuera lo que ya tenían dentro de la empalizada y en los bosques que la rodeaban.

Guerrero celtíbero

Por supuesto, a menudo los generales y los imperios se equivocan, y a pesar de su poder militar no logran sus objetivos, sinceros o falsos, interesados o con doble moral y doble rasero, y entonces viene la derrota a pesar de todos los esfuerzos e inversiones en el arte y negocio de la guerra.

¿La guerra es un negocio? Los fabricantes de armas de todos los tiempos se han visto beneficiados, aunque sea temporalmente, por las escaramuzas, batallas o guerras. Los herreros, antes, las armerías, hoy en día.

Los celtas hacían sus propias armas.

Armamento celta

Los finos, cultos, filosóficos y atildados atenienses hicieron la guerra muchas veces solo por conseguir un mísero y sucio botín, como criticara Aristófanes en *Lisístrata*, unos cuantos esclavos, unas hetairas o un palmo de tierra o de playa.

Nuestras guerras actuales mantienen con muy buena salud económica a los países productores de explosivos, municiones y armas, con lo que un soldado norteamericano puede usar una "k rusa", o un soldado ruso una R15 americana, y explosivos españoles y percutores alemanes, argentinos o japoneses.

Obviamente, como señala Sun Tzu, los pertrechos y suministros militares son muy importantes a la hora de enfrentar batalla, ir bien armado, bien vestido y bien comido, además de bien preparado y bien entrenado, sano y fuerte física, mental y emocionalmente, todo bajo una estricta disciplina.

Napoleón y Hitler perdieron ante los rusos por pretender hacerles la guerra en invierno sin el equipamiento pertinente.

Las legiones romanas parecían saberse el Sun Tzu de memoria, y mientras mantuvieron la disciplina y el sentido imperial de sus guerras, salieron casi siempre victoriosos, mientras que los pueblos "bárbaros y salvajes", entre ellos los celtas galos, bretones y celtíberos, solo sabían la parte referida a la defensa y a la resistencia, pues no les interesaba conquistar nada ni someter a nadie.

El cerco numantino que tras veinte años de asedio y año y medio de férreo cerco por los cuatro costados de la ciudad, acabó con el suicidio colectivo de los celtíberos que la defendieron brava y heroicamente hasta el final.

"Si ves perdida la batalla, lo mejor es que mueras con honor y de pie, nunca humillado", o "más vale

morir de pie (y con las botas puestas) que vivir arro-
dillado".

Perder con honor no es perder, y ganar con desho-
nor no es ganar, y si bien hay personas y generacio-
nes que nada han sabido de un conflicto bélico, para
buena parte del mundo las guerras y las batallas no
se han detenido nunca.

Arafat decía que Oriente Medio llevaba ocho mil
años en guerra sin un solo día de paz, y que los ge-
nocidios y expolios que el Estado de Israel cometía
sobre Palestina (un pueblo entonces sin Estado), no
mejoraba nada la situación.

"Si la tercera guerra mundial se hace con armas
nucleares, la cuarte guerra mundial se hará con pa-
los y piedras".

¿Pero qué es la vida sino un conflicto que no cesa?

El budismo y el jainismo intentaron seguir el camino de la no violencia, y para evitar el conflicto
propusieron la ausencia de los deseos, sobre todo
los de posesión, pero sus monjes y gonzos nos han
enseñado que también son capaces de la violencia
más virulenta a pesar de no tener deseos materiales.

¿El conflicto es inherente al hombre? Tal parece
que sí, y entre los celtas y los bretones, a pesar de ser
grupos hermanos y sin intereses materiales, hubo
más de un conflicto y de una escaramuza muy violenta.

Julio César estaba impactado ante la visión de un
pueblo tan alegre y armónico, como los galos, que a
la vez era capaz de las acciones más truculentas.

La redacción de *El arte de la guerra* de Sun Tzu, proviene al parecer del siglo V antes de nuestra era, cuando Roma se expandió hacia Híspalis, los galos vivían en perpetua guerra contra griegos y romanos, Egipto se helenizaba y el budismo inundaba todo Oriente, una época de esplendor en muchos sentidos, donde saber hacer la guerra o no saberlo hacía la diferencia.

En ese siglo V antes de nuestra era, ni Ciro ni Darío, ni tampoco Jerjes I, lograron vencer a los atenienses a pesar de la grandeza de sus ejércitos. La toma de una Atenas vacía fue el mayor logro de Jerjes, que poco después cayera en la emboscada marina de Salamina para perder la batalla y dejar de ambicionar la posesión de Grecia.

Alejandro Magno, el Conquistador

Casi dos siglos después, Alejandro Magno les devolvió la afrenta y se hizo dueño del mundo conocido, empujando de paso a las comunas celtíberas en el sur de la península ibérica.

En el pensamiento celtíbero la guerra puede ser curiosa y hasta tener sus rasgos de humor a pesar de ser sangrienta y cruenta, con sonoras celebraciones por la victoria, como no menos sonadas celebraciones por la derrota, y es que la guerra forma parte de la vida, y los héroes y los soldados, por fieros o magníficos que parezcan, también son seres humanos que aman, sufren, ríen, lloran y tienen sueños de un futuro más halagüeño, que no pasa necesariamente por conquistar al mundo e imponer lengua, religión y comportamiento social.

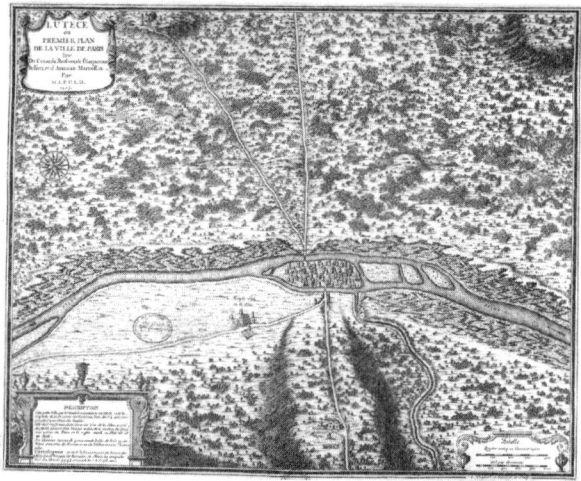

Lutecia, hoy París

Para los celtas galos, durante siglos, la guerra y las batallas eran el pan de cada día, y resistieron todo lo que pudieron resistir.

¿SALVAJES INCIVILIZADOS?

Pues a la vista de Lutecia, hoy París, o de la celtíbera Numancia, no parece que lo fueran tanto, pues la Ciudad de la Luz ya era un faro de belleza y urbanismo en el siglo I de nuestra era, a pesar de las escaramuzas constantes contra las tropas de Julio César, y Numancia lo era varios siglos antes hasta ser arruinada por los "civilizados" romanos.

¿CÓMO RESISTIERON?

Pues con lucha, esfuerzo y sabiduría, manteniendo su propio carácter y sin caer en las veleidades y supuestas riquezas que les ofrecía Roma, batalla tras batalla, tanto en la Galia como en Iberia.

Hicieron pactos con Roma, sí, pero nunca perdieron su personalidad libre y autónoma. Los celtíberos, a diferencia de los galos, ni siquiera adoptaron a sus dioses griegos o romanos.

¿Tenían pócimas mágicas secretas? Mitológicamente, sí, pero históricamente solo tenían hierbas y ungüentos para estar sanos y fuertes, y curarse las heridas.

No se sabe mucho de los mitos, fábulas y leyendas de los celtíberos, a pesar de tener tan cerca a los historiadores, y curiosos, griegos y romanos que escribieron muy poco sobre ellos, quizá porque los celtíberos eran alegres y de fácil palabra, pero no contaban nada que pudiera comprometerlos con el enemigo, y guardaban celosamente sus secretos.

LA PUERTA SECRETA

Se cuenta y se dice en las leyendas, que los celtíberos y los galos sí tenían pócimas mágicas que los hacían más fuertes, más ágiles y más hábiles que los romanos, y que uno solo de sus guerreros podía contra cien romanos.

También contaban con aceites y ungüentos que los hacían invisibles, por lo que podían cruzar las fronteras y los puentes romanos sin que nadie los viera, e incluso ser invisibles durante las batallas, causando la confusión entre sus rivales.

Sin embargo, su secreto mejor guardado era La Puerta, que se encontraba en algunos dólmenes y en algunas cuevas, en donde podían entrar por una, y salir por otra a varios estadios de distancia.

Para lograrlo, por supuesto, había que tener una llave, quizá un amuleto con forma de cruz celta o parecida, o saberse de memoria unas palabras mágicas como les habían enseñado los druidas.

V

MITOLOGÍA DE LOS CELTAS GALOS: LA INFLUENCIA ROMANA

No culpes a los dioses
por tus derrotas,
que ellos no te culpan a ti
por las suyas.

CANTO CELTA

No juzgues, reza el adagio celta, porque es de todos sabido, hasta de los insectos, que el bien hace bien y que el mal hace daño.

Tampoco culpes a nadie, ni siquiera a ti mismo, porque todo sigue un curso natural del cual no somos amos.

Si alguien o algo te vence, es porque estaba en su naturaleza lograrlo, mas no te rindas, porque también es natural que opongas resistencia a la derrota, ningún ser vivo se entrega sin luchar.

Los celtas galos lo tenían muy claro, y mantuvieron un equilibrio de lucha y acuerdo con los romanos durante casi novecientos años.

Retrocedieron más ante los godos y ante la Iglesia católica (el arma de las creencias era muy poderosa), que ante las legiones de Julio César.

Los mitos y las leyendas de dicha resistencia han llegado hasta nuestros días, no en vano los galos de Lutecia, los parisios, se mantuvieron firmes durante siglos, y es muy posible que aún sigan ahí a pesar de los cambios y las épocas.

En muchos aspectos los pueblos belga y francés tienen algo de celta, pasando del campesinado profundo a la más alta cultura de artes y ciencias en los últimos dos mil años, siempre dispuestos a luchar contra la injusticia y la represión: libertad, igualdad y fraternidad.

Astérix y Obélix siguen presentes, tanto como personajes de cómic como en la vida diaria, precursores de lo más adelantado y amantes de la naturaleza, mágicos y legendarios, diversos y contradictorios, amados y odiados, aplaudidos y calumniados, como los celtas de todos los tiempos.

El pueblo celta parece desaparecido de la faz de la Tierra, pero su espíritu está vivo y no ha dejado de estarlo.

Su laicismo permanece a pesar de haber cedido terreno a las grandes religiones judeocristianas, porque el espíritu celta nunca ha sido creyente de dioses absurdos y menos de sacerdotes o iglesias que mienten y se aprovechan de la ignorancia, ingenuidad y buena fe de sus creyentes, por las buenas o por las malas.

Los celtas galos, como todos los celtas, tienen sus supersticiones, por supuesto, pero no creencias desveladas, parciales e interesadas.

¿Por dónde han pasado los celtas dejando su impagable impronta de resistencia a lo establecido e interesado?

TALISMANES CELTAS

Una de las formas de saber la influencia de los celtas son sus símbolos, signos, íconos o talismanes, que hoy en día mucha gente se tatúa sin saber qué significado tienen.

EL AWEN

Símbolo espiritual y quizá uno de los símbolos celta más modernos, porque su nombre es galés, o el más antiguo por su significado espiritual de la iluminación y la protección divina para los celtas.

El ascenso espiritual

Por supuesto, los celtas no creían en el cielo ni en el infierno, y quizá ni siquiera en una espiritualidad difusa y esotérica, porque para ellos la mejor espiritualidad era estar en armonía con la naturaleza, y no solo con la naturaleza benigna y buena, sino también con la más salvaje y cruel, la nociva, la tremenda, la violenta, sin moralinas romanas o griegas.

El Awen bien podría indicar esta aceptación que libera el alma y el pensamiento, y los eleva al verdadero conocimiento, sin negar a la naturaleza.

EL CRANN BETHADH

Árbol esencial, que puede ser un fresno o un olmo, el que, como el Árbol de la Vida de la mitología vikinga, separa al cielo de la tierra.

Cualquier parecido a Yggdrasil
es pura coincidencia

El Árbol de la Vida está presente en muchas mitologías y filosofías antiguas, tanto para explicar los orígenes de la naturaleza, como para enlazar al ser humano con algo superior que brota de sus propias entrañas.

Primero fueron las bacterias y los virus, según la ciencia, pero los árboles sin duda son los primeros seres vivos de un tamaño apreciable, entre arbustos y helechos, anteriores a las flores y a los insectos, y, por supuesto, a otros seres como los mismos seres humanos, que apenas llegaron a este mundo hace unos cuantos miles de años, cuando la tierra y los árboles tienen miles de millones de años.

Los celtas eran muy conscientes de la juventud de la especie humana, sabían que muchos animales, sus hermanos, eran más viejos y más sabios, como los caballos, y los árboles incluso mucho más, predecesores de todo lo habido y, por supuesto, de lo humano.

Destrozar algunos bosques, como hacían los romanos por un interés comercial o militar, era una verdadera grosería para los celtas galos.

EL CLADDAGH

Anillo de poder y de protección, círculo que encierra el infinito interior, promesa de alianza entre el mundo espiritual y mágico, y el mundo material. Protege contra todo mal, hechizo, brujería o enfermedad, y da poderes mágicos a quien lo porta.

Anillo de poder y de realeza

Ante las sobrias túnicas romanas, los celtas galos oponían sus vestimentas coloridas y abundantes, sus yelmos rematados de plumas o de cuernos, y sus sandalias deslumbrantes, todo muy limpio, con el pelo y la barba acicalados, y el aseo y baño diario, nada de una vez a la semana o al mes, como los romanos y sus baños públicos que nada más ensuciaban el agua.

Había romanos, emperadores incluidos, que no se bañaban por miedo a las enfermedades de los pulmones, cuando lo mejor es que se hubieran bañado con agua helada de eneldo todos los días.

Eso sí, dentro de sus joyas y abalorios los celtas galos copiaron, o asimilaron, de los romanos y de los pueblos germanos, el uso de suntuosos anillos, en lugar de los anillos de hierro o bronce que indicaban el poder de cada dedo de las manos.

Sí, para la mitología celta todos los anillos eran anillos de poder, todos eran Claddagh, por eso los llevaban en todos y cada uno de los dedos de la mano:

En el pulgar estaba el poder de la presión y la mente.
En el índice estaba el poder de la expansión y del mando.
En el medio estaba el poder solar de la energía.
En el anular estaba el poder de los huesos y lo material.
Y en el meñique estaba el poder de la curación y del habla.

Los anillos de poder de Tolkien tienen un sustrato celta germano, celta nórdico y celta galo, son adorno y son talismán de poder, hay que tenerlo presente porque Lugh bendice a todo aquel que sabe usar las manos.

EL NUDO ETERNO

El que nunca se desata, prueba de lealtad firme, contenedor de las pasiones y amuleto contra las tentaciones. Enlace del amor infinito. Hay varios modelos, unos dedicados al amor, otros a la amistad, otros a la lealtad, pero todos ellos capaces de alejar los males del corazón y las tentaciones de la traición.

Nudo del amor infinito

Los nudos de los galos dedicados al mar o a los ríos, son tradicionales y han servido de poderosos amarres materiales y prácticos, como mágicos y emocionales, porque todo nudo representa una unión entrelazada.

"No hagas nudos que no puedas deshacer", decían los druidas, porque hay ataduras que unen, pero también ataduras que oprimen y con el tiempo se vuelven insoportables y pesadas.

LA CRUZ DEL SOL

El amuleto para los viajes, la energía del cuerpo y del alma, de la buena fortuna, de la prosperidad y de la esperanza. Levanta a los enfermos porque les devuelve la vitalidad perdida. Protege del mal de ojo a los niños y a las personas bellas y sensibles que despiertan los celos y la envidia con su sonrisa.

La Cruz Solar de la Fortuna

Los símbolos celtas, como las cruces, a menudo son considerados como elementos nazis de opresión y eugenesia, pero los celtas no los confeccionaron jamás con dicha intención, sino como llaves mágicas que abren puertas a una vida mejor.

La cruz celta

El poder de los cuatro caminos, de los cuatro puntos del mundo, de los cuatro elementos, de la protección ante los cambios y los tiempos venideros, talismán que cura los dolores, las penas y los huesos, que más tarde fue cristianizada y hasta se convirtió en símbolo de San Patricio.

La cruz celta antes de ser cristianizada

La cruz celta es una llave interior para desentrañar los tesoros que todos llevamos dentro. También es una cruz de conocimiento y estudio que desvela lo que ha permanecido en secreto tanto del pasado, como del presente y del futuro, la cual, si no se usa como tal, a menudo no sirve para nada.

EL SIGIL

El sigil puede con todo y lo soluciona todo, porque es el símbolo del pacto y de la palabra dada, sagrada entre los celtas, así como de las invocaciones y de las peticiones de milagros a las fuerzas de la naturaleza.

También es considerado parte del lenguaje mágico, escrito y secreto del pueblo celta, todo un misterio para los investigadores, y que a menudo se ha relacionado con el diablo, la herejía y la blasfemia.

Se supone que los celtas en general no escribían, aunque los sellos (sigil) pueden ser una forma de escritura, como otros símbolos utilizados por los celtíberos que siguen en estudio a la espera de ser traducidos e interpretados.

Para el pensamiento occidental si no hay escritura, no hay Historia, y es obvio que los celtas no empezaron a utilizar la escritura al estilo occidental hasta el Medievo, pero quizá esta apreciación no es más que una estrechez de miras que no quiere, o no puede, comprender a otra cultura.

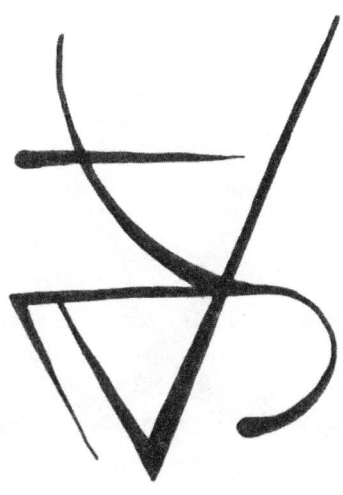

El sello mágico

No cabe duda que la escritura tal y como la conocemos también es mágica y tiene un gran poder de influencia, además de recabar los datos del pasado, pero eso no quiere decir que otras formas de comunicación simbólica carezcan de validez e importancia.

LA TRIQUETA

Símbolo mágico de poder de la tercera dimensión: vida, muerte y renacimiento, porque en la mitología celta nada muere en realidad, todo es un ciclo perenne, nada se pierde, por ende lo que protege y sana lo hace tanto en la Tierra como en el más allá, además de favorecer la fertilidad y los partos.

El sagrado ciclo de la vida

Las triadas son frecuentes en el pensamiento mágico y religioso de la humanidad, como la Santísima Trinidad de algunos cristianos, donde hay Dios Padre, Dios Hijo y Dios Espíritu Santo, aunque para los arrianos con Dios Padre, Diosa Madre y Dios Espíritu, era más que suficiente, dejando aparte y humana la figura de Cristo.

En la India la tridosha dominante, o trinidad védica, está compuesta por Brahma, el aliento creador; Visnú, el conservador; y Shiva, el destructor o el transformador.

Para algunos filósofos, la triada sería ética o moral, compuesta por las virtudes de justicia, valor y templanza, pero triada al fin y al cabo.

En física clásica contamos solo con tres dimensiones: alto, ancho y profundidad, dejando al tiempo como una posible dimensión más, pero en la cual no nos podemos mover más que para adelante.

No se sabe quién influyó a quién, pero es obvio que las triadas tienen algo de mágico en muchas mitologías, incluida la celta.

EL TRISQUEL

El amuleto sagrado de los druidas, pues es símbolo de perfección de cuerpo, mente y alma, por lo que es el talismán de los sabios, de los médicos, de los maestros y hasta de los grandes músicos y poetas que curan el alma y animan los corazones con sus creaciones.

Perfección de cuerpo, mente y alma

¿Otra expresión de la triada sagrada? Posiblemente sí. Pero en este caso más centrada en el ser humano y sus cualidades de creación y de producción, donde las musas celtas, o las hadas del saber y del crear, hacen su aparición y le dan inspiración e intuición a las almas humanas.

El wuivre

Para la mitología celta, como para los grandes druidas, nada en esta vida es inútil ni despreciable, ni siquiera los desechos o lo que se encuentra en el inframundo, en las entrañas de la Tierra, pues de ahí pueden brotar los tesoros y los seres más extraordinarios. Protege a todo lo interior, sana y cura lo más profundo, otorga templanza y fuerza de voluntad ante las adversidades, y abre las puertas de la mente a otras realidades.

La serpiente infinita

La serpiente que se muerde la cola puede indicar tanto un ciclo completado, como un bucle emocional o temporal en el que uno se encuentra encerrado, una evolución positiva y de elevación, o un encierro negativo de mente, cuerpo y alma. Todo depende de la naturaleza del ser que la use o posea; por tanto, procura que tu naturaleza sea y esté siempre sana.

Todos los talismanes celta tienen poder curativo sobre las afecciones del alma, de la mente y del cuerpo.

También son un lenguaje que comunica a los seres humanos con los espíritus de la naturaleza, y entre ellos mismos, pues quien reconoce un talismán reconoce a un hermano celta. No son un alfabeto o un orden de palabras escrito, pero sí portadores de un mensaje que entienden los que conocen su significado, como el sigil.

Las cruces nada tienen que ver con el catolicismo, sino con los cruces de caminos y los cuatro puntos cardinales, o las cuatro direcciones del mundo que se usan en todo tipo de embrujos y de rituales mágicos, tanto celtas como profanos, y que son muy anteriores al mundo católico, semítico o cristiano.

Todos ellos tienen un mensaje de protección y salud más allá de cualquier otro tipo de interpretaciones actuales.

Cuentan que los celtas se los tatuaban en la cara o en el cuerpo para ser más feroces en las batallas, para protegerse de los enemigos y para gozar de buena salud de mente, cuerpo y alma.

TALISMANES NATURALES

Hay talismanes más sencillos, naturales y relacionados con el pensamiento mágico de los celtas galos, y de los celtas en general:

—*Llevar una varita de romero en la faldriquera, el bolso o la cartera, porque aleja lo malo y atrae lo bueno.*

—*Unas hojas de laurel para atraer la abundancia.*

—*Unos pétalos de rosa para el amor y la guerra.*

—*Un racimo de eneldo para curar todo mal.*

—*Una raíz de mandrágora para alejar brujas, demonios y fantasmas.*

—*Una corteza de olmo para prevenir las fiebres y paliar los dolores de cabeza.*

—*Una ramita de beleño para tener la energía y la fuerza del sol.*

—*Un diente de león para protegerse en los viajes y en las batallas.*

—*Arena de monte o de mar para darnos tiempo.*

—*Una piedra rústica o preciosa para darnos solidez y entereza.*

Amén (así sea) de los talismanes celtas muy populares entre los galos que han llegado hasta nuestros días como mágicas recetas, los celtas galos adoptaron temporalmente a una serie de dioses de origen etrusco y romano:

Dioses celta-etruscos-romanos

Los celtas, habitantes de Etruria y de Lutecia durante varios siglos, adoptaron a algunos dioses romanos y etruscos, y los mezclaron con sus propios dioses, obteniendo un curioso sincretismo, donde la sanación y la salud son más importantes que el poder político o la jerarquía, o el lugar jerárquico del mismo dios, emparentándolos más con su mitología y pensamiento mágico, que con la religión del Imperio.

Por supuesto, como en todo lo que se refiere a la mitología e historia celta, hay disparidad de criterios, y mientras para unos Juno se convierte en

Junones, para otros Junones ni siquiera existió, y Belenos puede ser la representación etrusca de Ares, o Marte, o bien el símbolo solar del romano Apolo o del griego Helios.

BELENOS (MARTE O APOLO)

El Iluminado, o el Iluminador, el que trae la luz de los astros y de las luminarias, y que da energía a los músculos y dureza a los huesos. Además es señor de la guerra, la lucha, la competencia y cualquier batalla o concurso donde haya que demostrar valentía y habilidad, poder y fuerza, tanto de voluntad como de cuerpo, porque el ejercicio es base primordial de la salud.

Belenos, el Iluminador

TUTATIS (JÚPITER O MARTE)

Señor del trueno, pero no del rayo destructivo, como el de Júpiter, ni el de Zeus ni el de Thor, sino el de la acción y el despertar, el que anima a los guerreros y a los labradores, el relámpago de las ideas, la energía vital que sana y reanima al ánimo y al cuerpo.

También podría ser más el paternal Júpiter etrusco, que el Júpiter triunfante de los romanos; el más elevado, o uno más de los dioses extranjeros.

El Gran Tutatis

GRANNUS (APOLO)

Señor del sol, de las artes y de la belleza viril y masculina, de la esencia y la energía, de la vitalidad, de la infancia y de la fortaleza, favorecedor de la longevidad y de la salud en general, y del corazón y la sangre en particular.

Hay representaciones gráficas y en bronce donde Grannus se asemeja más a Apolo que Belenos, por lo que no falta quien piense que el sincretismo de dioses celtas con dioses romanos no se tomó muy en serio por parte de los galos, sino que se adoptaron solo para complacer a sus vecinos, pues en realidad los galos no adoraban a nadie y preferían los consejos de sus druidas en estos terrenos.

Grannus, el dios de la virilidad

Sirona (Selene), esposa de Grannus

Señora de la luz de la luna, según unos, o de la noche, la muerte y el más allá, según otros, pero esposa de Grannus en todo caso, señora de la fertilidad y de los partos, de la menstruación y del deseo carnal, pócima del amor y de la seducción, que da potencia y eleva los corazones. Sirona es luz, astro y estrella.

Sirona, la luz de la luna

La luna no suele aparecer en otras listas de dioses celtas, aunque sí era considerada como luminaria que afecta el carácter de los hombres y de los animales, y que tiene relación con los tiempos de siembra, embarazo, nacimiento y cosecha.

SULIS (MINERVA)

Señora de la sabiduría y del conocimiento, maestra de los maestros, sanadora de la mente y fortalecedora del cuerpo, sobre todo el de las mujeres, patrona de las batallas y protectora de los héroes y de los guerreros.

Sulis, diosa sabia y guerrera

Sulis sabía montar a caballo, conocía el uso de la espada y el arco, lo mismo que el mapa de las estrellas, las hierbas santas que curaban y las historias antiguas que conformaban la historia de los celtas. Fuerte y sabia.

Mercurio celta (¿Belenos?)

Es el preferido de los celtas según Julio César en su obra sobre la Galia, porque para ellos además de ser el dios que lleva y que trae los mensajes, señor de las postas, los caballos y el correo, es el dios eminentemente médico, el que todo lo cura con la magia y la sabiduría de su caduceo; el que tiene los pies alados y por lo tanto es ligero y discreto, pero que a la vez es diestro para la lucha y hábil con las armas de guerra. Inteligente, astuto, perfeccionista, además es cantante y poeta, contador de historias y de leyendas, creador de música y alegría de las fiestas.

Para algunos, este Mercurio poco tenía de romano, y en realidad era uno de tantos habitantes secretos de los bosques, las aguas y las montañas, sin ser realmente un dios, sino una raza más que pululaba por este mundo, incluso un hermano celta viajero que no permanecía mucho tiempo en ningún lado, lo que se podía comprobar viendo su casco alado, muy común entre los hermanos galos.

Cuenta una leyenda, más urbana quizá que clásica, que este Belenus-Mercurio no es otro que un humano, el famoso Hermes Trismegisto, creador o descubridor de la no menos famosa Tabla Esmeralda, aunque tal parece que no hay más relación que la imaginación.

La relación del Mercurio celta con Epona, la señora de los caballos, sí está documentada y es símbolo perpetuo de viajes, lenguas, sanación y comunicación.

BORVO

Mucho más galo que romano, Borvo es el señor de las aguas termales, algunas muy olorosas, pero todas sanadoras, rejuvenecedoras y curativas. Sus templos se encuentran por todo el mundo, desde el Oriente hasta Islandia, y desde el sur hasta el norte, porque donde quiera que el agua brote a borbotones, cálida y sanadora, ahí está su templo.

Dedicatoria para Borvo y Damona

En las lenguas indoeuropeas es fácil relacionar Borvo con borbotón, es decir, por el agua que brota de la tierra, ya sea carbonatada, mineralizada, sulfurosa, caliente o fría, manantiales, al fin y al cabo, que gozan de muy buena reputación curativa desde hace miles de años, con lo que el dios Borvo sería una especie de aguador trashumante que llevaba el agua curativa y milagrosa a varios puntos geográficos.

EL DRUIDA DESPISTADO

Cuentan las leyendas galas que un mal día, porque bueno no podría nunca haber sido, un druida, ya algo anciano, llevaba en su buje agua sagrada para curar a un hermano que se encontraba muy lejos río abajo.

Entonces lo que hoy es el Sena rodeaba la parte central de Lutecia, y el anciano en lugar de ir río abajo, rodeó la isla central y sin querer se fue río arriba.

Cuando llegó al mar del norte en lo que ahora es El Havre, empezó a buscar a su hermano druida, y, por supuesto, no lo encontró.

Nadie le supo dar referencia alguna.

¿Qué hacer entonces con la pócima sagrada?

Volvió sobre sus pasos y llegó a Lutecia, dispuesto a ir río abajo, pero, cosas de la vejez, se volvió a equivocar, rodeó la isla y se encaminó otra vez río arriba.

Tres veces lo intentó, y en las tres se despistó.

Cansado, abatido y algo enfermo, y sobre todo sediento, se bebió el contenido del buje hasta no dejar ni gota.

Se quedó dormido bajo un frondoso árbol, no supo cuánto, pero cuando despertó era otro tiempo y él, antes anciano, ahora era joven, aunque muy barbado.

Fue a mirar su aspecto en un remanso del río y dijo: "Por un momento dudé, pero no, no hay lugar para el arrepentimiento".

Volvió a una desconocida Lutecia, esta vez sí fue río abajo, y al llegar al poblado de su hermano supo que hacía más de cien años que había muerto.

Se disculpó ante su Dolmen, "lo siento mucho, hermano, pero también te lo agradezco", y se fue por rumbo

desconocido, llevando agua sagrada a todos lados y cu-
rando a muchos enfermos, muchos le llamaban Borvo, y
también cuentan que nunca se supo que hubiera muerto,
por lo que es muy posible que todavía ande regalando
agua sagrada por distintos pueblos, como el de Lourdes,
donde ya no hay agua sagrada del buen Borvo (aunque
algunos dicen que justamente ahí uno de sus bujes con
agua sagrada se le cayó), sino muchos creyentes que lo
buscan sin saberlo.

VI
MITOLOGÍA DE LOS CELTAS IRLANDESES: EL CATOLICISMO CELTA

*La historia
nunca comienza,
porque la historia
nunca termina.*

PROVERBIO CELTA

La historia celta comienza sobre el siglo XII con la escritura en Irlanda, donde en cierta forma también comienza, o se recupera, su más característica y fantástica mitología, que pasó por medio mundo hasta llegar hasta las islas británicas dejando su huella por todas partes.

Cuando unos mil años antes de nuestra era los celtas de la Europa Central emigraron a la península ibérica mantuvieron sus creencias primordiales, pero a medida que se acercaron al norte de Europa y a las islas británicas, estas creencias fueron cambiando, dando lugar a nuevos y legendarios seres fantásticos, como los duendes irlandeses y los gnomos gaélicos, que se insertaron en su mitología y en su cosmogonía, como viejos compañeros de los hombres, o descendientes de elfos y enanos.

Con otras mitologías, como la japonesa y la vikinga, sucede algo similar: llega la escritura y las leyendas se convierten en historia narrativa fantástica, junto con la Historia con mayúscula.

Por gracia o desgracia, la escritura no llega sola, sino, en el caso de Occidente, acompañada de la Iglesia católica, apostólica y romana, de terrible y obligado cumplimiento, para demostrar que el Imperio romano nunca cayó del todo.

Constantino abrió la puerta, y Teodosio inició la purga en el siglo V de nuestra era, prohibiendo todas las otras creencias y religiones.

Teodosio el Grande

Los inicios no fueron fáciles para la imposición, y así como los romanos habían suplantado a los dioses antiguos de sus pueblos vecinos asimilándolos a su cultura, la Iglesia católica suplantó a los dioses grecorromanos, y a los de todo el mundo conocido, con los dioses católicos (Dios Padre, Dios Hijo y

Dios Espíritu Santo) disfrazados de monoteísmo, y con una política económica y militar, para imponer dichos sincretismos.

Setecientos años tardaron en llegar al último rincón de Europa, pero llegaron, como si fueran persiguiendo a los ateos celtas a los que orillaron en todas partes, hasta que por vía irlandesa los celtas cedieron en parte a las supuestas enseñanzas cristianas, que en el fondo siguen siendo de lo más paganas.

Por cierto, en el mismo seno de la Iglesia católica hasta el siglo XI, y tras la escisión de Oriente y las tristemente célebres cruzadas, no fue del todo cristiana y a duras penas trinitarias, pues los arrianos, entre los que se encontraban los godos (visigodos en España y ostrogodos en Italia) no aceptaban a Cristo como dios encarnado en sí mismo, sino como un profeta más o incluso como un personaje simbólico, y no como persona real por su falta de antecedentes históricos reales y contratables.

Depende de qué lado estuvieras en la Europa Medieval, ser trinitario o no serlo podía costarte la vida, hasta que la figura de Cristo ganó terreno iconográfico y popular pasando de ser un simple pastorcillo, a presentarse clavado en la cruz, junto con santos y vírgenes que antes no eran tomados en cuenta, o que se consideraban fuera del canon de la curia romana central, que solo aceptaba (y sigue solo aceptando) a la figura de Dios Padre como única y verdadera divinidad, y al Espíritu Santo más allá e intocable, como el Sin Nombre o el Flujo de los Celtas, pero no como Dios Universal.

Los celtas fueron ajenos a estos procesos hasta que fueron alcanzados en Irlanda y ya no pudieron correr más.

La Santísima Trinidad

El resto de Inglaterra también resistió durante un tiempo el embate de las creencias católicas, pero finalmente cedió a las sectas protestantes, a la creación de la Iglesia Anglicana con Enrique Octavo, y al propio catolicismo, por lo que acabó teniendo varias concepciones de las religiones judeocristianas dentro de su territorio.

Hoy en día siguen existiendo serias discrepancias, conflictos y violencia entre el catolicismo y los protestantes en la bella Irlanda, unos conflictos que se convirtieron en mitología celta Irlandesa, donde los malos y los demonios son, obviamente, los protestantes.

DEL MITO A LA HISTORIA

La Irlanda celta tiene una historia rica y de lucha constante con el Reino Unido, tanto que muchos de sus hechos se han convertido en leyenda y han llevado a la República de Irlanda, libre y soberana, a mantenerse alerta ante las acometidas de la pérfida Albión, como muchos irlandeses todavía llaman a Inglaterra.

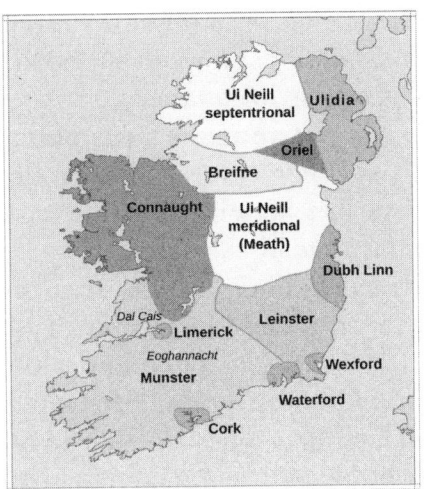

La Irlanda celta

Reino Celta Irlandés, o Irlanda Gaélica, instaurado en el siglo XVII antes de nuestra era, mantuvo sus creencias puramente célticas hasta el siglo V de nuestro actual calendario, para aceptar y sincretizarse con el catolicismo a partir de entonces, y ser prácticamente del todo católica en el siglo XI bajo la égida del Rey Supremo de Irlanda, Brian Boru.

Primero fueron clanes y diversos reinos que competían entre sí por los recursos, a veces pedregosos y escasos, sin dejar por ello de mantener los principios de hospitalidad, solidaridad y protección, por lo que todo aquel que lo quisiera o necesitara podía se parte del clan o del reino.

De una o de otra manera, comenzaron a civilizarse, es decir, a construir ciudades y a establecer leyes y reglas sociales, y a tener reyes o líderes definidos, pero sin nepotismo y sin sucesión sanguínea: el líder era el que se lo ganaba.

El efecto isla y el aumento de la población hicieron el resto, sociológicamente hablando, para contener y satisfacer a la población que hasta entonces había sido bastante libre y salvaje.

Las actividades, libres antes, se convirtieron en profesiones y en clases, destacando a los juristas y los físicos (druidas), por encima de los músicos y poetas (bardos), aunque todos ellos estaban exentos de servir en la milicia, pues su dedicación a las ciencias y las artes debía de ocupar su tiempo, pues eran responsables de mantener la historia y las tradiciones, muchas de ellas orales hasta el siglo XI, tanto como las leyes, la educación y la salud.

Los poetas aprendieron a leer y a escribir, primero

en gaélico y luego en inglés, y se hicieron más escritores e historiadores que poetas propiamente dicho, gozando de gran prestigio durante siglos.

Brian Boru, el primer gran rey de Irlanda

Los cantos galos tradicionales se conservaron, recordando a los poetas y a los bardos de antaño, y se crearon nuevos más acordes a los tiempos y a los intereses de las coronas locales y a veces no tan locales, pues algunos ya se ven "manchados" por el monoteísmo o el catolicismo, o bien, por ir en contra de los nuevos dioses y santos, como San Patricio, algunos de ellos escritos en un rudimentario gaélico, o transmitidos oralmente, hasta que fueron traducidos:

TARA[3]

Tara Breg, ¿por qué se la nombra así?
¡Cuál es la respuesta, sabios!
¿Cuándo el nombre se separó de su contenido?
¿Y cuándo Tara decidió seguir siendo Tara?

¿Fue en el tiempo de Partolón en los combates,
o durante la conquista de Cesair,
o con Nemed, el del recio valor,
o con Cigal, de miembros arrolladores?

¿Fue con los Fir Bolg, de los grandes barcos,
o con el linaje de los duendes?
¿Decid con cuál de estas invasiones
Tara transmitió su antiguo conocimiento a Tara?

¡Oh, Duban, oh, Findchad de espíritu generoso,
Oh, Bran, oh, veloz Cualad,
Oh, Tuan, oh, cinco magnos!
¿Por qué signos se la reconoce a Tara?

En un tiempo fue un gran bosque de avellanos,
en la era del noble hijo de Olicán,
hasta que fue derribado el espeso bosque
por Liath, hijo de Laigne Lethan-glas.

---

3   Poema adjudicado al poeta y héroe Fintan, del siglo V ya de nuestra era, y de quien se cuenta que vivió hasta unos cinco mil años, más o menos, como humano o adoptando la apariencia de salmón, águila o halcón.

Desde entonces se la llamó Druim Cáin,
la colina a la que venían los grandes hombres,
hasta que llegó la casta Crofhind,
de la hija del célebre Allod.

Cathair Crofhind, sin dilación,
fue su nombre entre los Tuatha de Dana,
hasta que llegó la justa Tea,
la novia de Eremon, el gigante.

Con altos muros de piedra rodeó su casa
la gran Tea, la del fuerte brillo, hija de Lugaid,
hasta que murió y fue sepultada
al otro lado del muro, y por esto se llama Tara.

El lugar de los reyes fue su nombre,
reinó en Tara el linaje de los milesios
y recibió cinco nombres
desde Fordruim hasta que fue Tara.

Yo soy Fintan, el poeta,
no soy un salmón de un solo río,
aquí fue donde alcancé gran renombre
sobre la sagrada tierra de Tara.

"Soy celta y de espíritu celta aunque provenga de otros terrenos", se decía a menudo en las tierras irlandesas, porque había muchos nexos y tratos con Escocia, Finlandia, Gales, y, por supuesto, con los países nórdicos.

Hubo buenas relaciones con los países nórdicos, hasta que en el siglo IX los vikingos intentaron crear un reino en el norte de Irlanda, en lo que ahora es Belfast, y aunque solo duró del 831 al 845, dejó una fracción que dura hasta nuestros días.

Poco después, en el 852, Olaf el Blanco tomó el puerto de Dublín y estableció ahí una colonia escandinava que dio lugar al Dublín actual, con el pretexto de la cristianización de Irlanda, tanto, que incluso unos monjes celtas, seducidos por el catolicismo, realizaron a mano el Evangelio de Kells.

El Evangelio de Kells

Los vikingos fundaron más ciudades en las costas irlandesas, y lograron acuerdos de paz y hermandad con los irlandeses celtas, pero en el 911 se rompió dicha hermandad y los irlandeses, tras una larga y cruenta guerra, se deshicieron de los vikingos con la ayuda de la Iglesia católica, según unos, y por puro heroísmo y patriotismo irlandés, según otros.

Ciento cincuenta años estuvieron en paz tras zafarse de los vikingos, pero en cuanto se descuidaron un poco ya tenían a los normandos (junto con los ingleses) encima.

Resulta que los irlandeses, a pesar de haber aceptado el catolicismo, ni iban a misa ni pagaban el diezmo, pero si aceptaban la ayuda del papado para otros menesteres, con lo que el Papa Adrián IV, dio el visto bueno, tras senda bula papal del 1155, para que Enrique II, rey de Inglaterra, invadiera Irlanda y la obligara a cumplir con sus obligaciones pecuniarias que imponía el derecho romano de la santísima y humilde Iglesia católica.

Los reyes irlandeses pagaron desde entonces el diezmo, pero los supuestos fieles seguían sin aceptar el catolicismo, y los levantamientos, las escaramuzas y las batallas no cesaban intentando sacudirse la presión extranjera.

De nada sirvieron pactos y matrimonios, herencias y bulas papales, porque los celtas irlandeses seguían en pie de guerra.

Los ingleses y los normandos intentaron desgaelizar Irlanda durante siglos, pero no lo lograron, y durante la peste negra del siglo XIII, se maravillaron de que los celtas irlandeses resistieran en buena medida la enfermedad, mientras que los británicos sufrían diversas bajas.

Finalmente y en el siglo XIV, la presión anglosajona dejó de ser tan perentoria, y los galos irlandeses tuvieron un respiro y volvieron a su independencia.

Un par de siglos más tarde, Enrique VIII volvió a la carga contra Irlanda (y contra medio mundo, incluida la Iglesia católica), y ordenó su conquista.

Ante la resistencia, Enrique VIII optó por una conquista blanda, redistribuyendo las tierras y reconociendo a los reinos celtas, pero bajo la supervisión inglesa, los cuales, poco a poco, fueron desapareciendo y dejando a los ingleses en posesión territorial, que no anímica ni cultural, de su legado celta.

Irlanda recuperó su independencia del Reino Unido en 1916, pero hasta 1938 no fue del todo reconocida, y hoy en día, además de independiente, forma parte de la Unión Europea y su moneda es el euro.

La Irlanda del Norte, con Belfast al mando, protestante e inglesa, sigue estando en pugna y conflicto ideológico, religioso y tradicional con la República de Irlanda.

Los pequeños reinos celtas, Tuatha, han ido renaciendo, e Irlanda, además de un presidente, cuenta con un Taoiseach (primer ministro) encargado, entre otras cosas, de guardar y preservar las tradiciones, que en buena parte son celtas.

DE LA HISTORIA A LOS MITOS

Cabe señalar, por otra parte, que la mitología celta irlandesa es rica en leyendas de seres fantásticos que poco o nada tienen que ver con el catolicismo, tanto que durante algún tiempo estuvieron veladas o prohibidas por la Iglesia, que no pudo mantenerlas escondidas y que han formado parte del acervo popular en todo tipo de producciones artísticas, con el alegre y bravo carácter irlandés como telón de fondo, un carácter rebelde e independiente al más puro estilo celta que no se ha perdido del todo y que resurge cada año en las fiestas patronales.

San Patricio y Santa Brígida, no son tan santos, o al menos no al estilo católico, y Dana y Lugh reaparecen en el firmamento, en una mezcla curiosa donde la cerveza y el patriotismo trascienden fronteras. La libertad, la independencia y la naturaleza celtas perviven entre los celtas irlandeses. La hospitalidad, la solidaridad y la protección, también.

Como para los romanos, los celtas irlandeses a menudo son un constante dolor de cabeza para los ingleses, pues aunque han acatado ciertas realidades, no se someten del todo a la Corona británica.

DIOSES CELTA-IRLANDESES

Los dioses de los celtas irlandeses son una familia de seres con dramas y amores, traiciones, celos, despechos y venganzas, como en cualquier familia cortesana, héroes y mártires, sacrificados y esperados, como San Patricio, que no es parte de la familia y que tarda algo más de setecientos años en llegar a la isla para cumplir las profecías mesiánicas que se le adjudican. En fin, toda una telenovela donde lo celta antiguo prácticamente se borra, aunque se mantiene en esencia, lo jerárquico aparece, y el catolicismo y el cristianismo se sincretizan y hacen acto de presencia, y donde los dioses no son inmortales, sino del todo mortales, aunque muy longevos, con excepción de Dana y de Dagda, que por algo son los padres del invento.

Tuatha Dé Danann

La familia de los dioses celtas de Irlanda, o hijos de Dana, la Diosa Madre, que llegaron de la misma manera que se fueron después de varios melodramas.

La familia de los dioses hijos de Dana

DAGDA

Padre de todos los dioses celtas, presentes, futuros y pasados, un intento de Dios Único, similar a Zeus, Jehová o Júpiter, pero menos promiscuo que Zeus, y menos único y poderoso que Jehová, pues en lugar de rayo lleva en la mano un viejo garrote mágico con el que mata y cura, y en lugar de ser un maduro atlético, es un venerable anciano que viste con sencillez. También es el dios de la música y de la abundancia.

Dagda, el dios bueno

DANA (ANNA, ANU, DANU)

La Diosa Madre, que ya aparece en las tradiciones antiguas de los celtas, pero como madre de todos los seres y todas las cosas, y no solo como madre de los dioses. Es inmortal, como Dagda, y madre severa para algunos, madre guerrera o madre sumisa y amantísima para otros.

Dana o Brigid, la Diosa Trinitaria

Hay cierta confusión entre Dana y Brigid, sobre todo a medida que el catolicismo se hacía fuerte como creencia en Irlanda, lo que a menudo la coloca como consorte de Dagda, y otras veces la sitúa como su hija, lo que insinúa la práctica del incesto, tan tradicional en dioses de diversas mitologías.

BRIGID

Brigid es la diosa celta trinitaria, o tres diosas en una: señora de la curación, de la fertilidad y de la forja. Es hija de Dagda y con el tiempo se convierte en santa Brígida, un poco más recatada que Brigid, pero igualmente sanadora y milagrosa. Como Brigid fue muy activa sexualmente, y estuvo casada varias veces, como con Bras y con Tuireann, y nunca pensó en ser santa.

Brigid, antes de ser santa Brígida

Tres diosas en una, por lo tanto diosa trinitaria, una blasfemia para algunas al considerarla diosa madre, diosa hija y diosa espíritu, o bien una referencia a las tres moiras o las tradicionales tres parcas que deciden sobre la vida, la muerte y el destino de los seres humanos.

LUGH

Dios del sol y de las artes y los oficios, esposo de su hermana Brigid y amante de Morrigan, según unos, y hasta con su nodriza, Tailtu, según otros, así como sincretismo de Belenos, Grannus y Helios, o Apolo, y nieto del viejo dios Balor, pero hijo de Dagda y Dana. Hermoso, brillante y héroe de mil batallas, y padre de otro héroe, Cú Chulainn, el famoso perro del Ulster.

BALOR

El señor de la brujería, y sobre todo del mal de ojo del que hay que proteger a los bebés y a las doncellas hermosas para que no se malogren. Abuelo de Lugh atormentado por la profecía que aseguraba que su hermoso nieto acabaría matándolo.

En algunos textos e ilustraciones, Balor aparece como un demonio con garras y cuernos, pues era contrario a los valores de la Iglesia, y había que desacreditarlo de alguna manera. Nada que ver con la mitología celta irlandesa.

MANANNAN

Señor de los mares y protector de los marineros, el que favorece la pesca, ayuda en las largas travesías y protege de olas gigantescas, monstruos marinos y desvíos de ruta que pueden provocar el naufragio y la muerte.

También es el protector de Lugh en las leyendas celtas donde aparece más humanizado, y metafóricamente del buen tiempo, así como de lo sagrado y lo eterno, de la vida misma y de los sueños, las metas y los deseos.

Manannan, el Protector

GOIBNIU

Señor de la herrería, de la fragua y de las armas, también protector de Lugh, el cual, según una vieja profecía, acaba matando a su abuelo Balor precisamente con una flecha, una espada o una lanza salida de su herrería.

Goibniu

En el pensamiento celta irlandés trabajar con los metales era sagrado, y Goibniu era un buen ejemplo de ello: dedicación, humildad, sabiduría y esfuerzo.

MORRIGAN

La reina oscura y diosa de la guerra y las batallas. Señora de la muerte y del más allá. Terrible bruja y peor enemiga. Despechada porque Cú Chulainn la desprecia como mujer y posible amante, lo maldice y lo convierte en cuervo tras su muerte. Se le asimila tanto con la bruja inglesa Morgana, como con Lilith e Ishtar, por lo que es también madre de todas las brujas y protectora de los marginados.

Morrigan, señora de la noche

MACHA

Posiblemente avatar de Morrigan, es diosa y heroína, pues fue ella quien llevó los llamados dolores de parto a los hombres del Ulster durante su invasión, los cuales, retorciéndose de dolor, no pudieron luchar ni hacerse con la plaza.

Hacer que los hombres sufrieran los dolores que tienen que soportar las mujeres, la convierten en la primera diosa y heroína feminista de la historia.

Macha, la diosa del embarazo ajeno

CÚ CHULAINN

El dios héroe, o semidiós, mortal, capaz de transformarse en animal, también llamado el Perro del Ulster, por su bravura y fama de mataperros, como al can del herrero Cullan, hijo de Lugh, y por lo tanto hermoso y viril, triunfó en más de cien batallas y es uno de los héroes más estimados de Irlanda.

Cuando murió fue transmutado por Morrigan en cuervo, para que no pudiera estar con su amada terrenal, o para que por fin se fijara en ella, pues Morrigan también tenía el poder de convertirse en cuervo y así podría seducir a Cú Chulainn.

Cú Chulainn, el semidiós Perro del Ulster

TAILTIU

Diosa irlandesa de las fiestas y de la tierra de labranza, mortal, nodriza de Lugh, al que amamantó hasta la adolescencia.

En agradecimiento a su leche materna, fue enterrada por el propio Lugh cuando esta falleció, y su cuerpo le dio vida y gran productividad a las pedregosas tierras de Irlanda.

ANGUS

Dios del amor y la juventud, de los excesos que se cometen en edades tempranas, como la rebeldía, el sexo, la comida y la bebida, por lo que algunos lo consideran el precursor o antecesor de san Patricio.

Angus, el dios de la virilidad celta

CERNUNNOS

Es el dios celta con astas que está relacionado con la fertilidad, la riqueza y los animales salvajes, posiblemente más antiguo que la familia de dioses de Dana y Dagda, como señor de la caza y protector contra las fieras, otorgando un poder mágico y divino a las empalizadas que los celtas utilizaban como murallas para proteger sus asentamientos.

ARAWN

Dios del inframundo, lugar a donde van los muertos, rey del más allá, con un ejército fantasmal que es capaz de participar en las batallas de los vivos, poderoso y contento con sus dominios que no son precisamente un infierno, sino un lugar lleno de riquezas y prodigios.

Símbolo de Arawn, dios del otro mundo

Hay quien lo emparenta con el Hades griego, e incluso con el diablo católico, así como con las riquezas que hay en las montañas y en el subsuelo, pero también hay una visión esotérica que lo sitúa en otras dimensiones, en otros planetas, en otros universos, con su símbolo que es la llave que abre las puertas de esos mundos y dimensiones.

HAFGAN

El rival de Arawn por el inframundo, y con el que compite para hacerse dueño y rey del más allá, pero pierde ante una estratagema de Arawn, y queda fuera de concurso.

ABANDINUS

Defensor de las Aguas de los lagos y los ríos, y de las profundidades de las cuevas y la tierra, pero no de las aguas saladas del mar. Apacible y tranquilo no se mete en demasiados problemas, pero puede ser mortal como todos los demás dioses, cuando enfurece y se sale de cauce.

Abandinus, señor de las aguas terrenales

Abandinus puede ser un remanente galo de la época romana o etrusca, adosado a la cultura celta irlandesa en algunas de las emigraciones celtas de Europa a las islas británicas sobre el siglo IV de nuestra era.

LA MUERTE DE LOS DIOSES CELTA

Cuando el catolicismo y el cristianismo vencieron a los hijos de Dana y Dagda, fueron muriendo uno a uno, pues había llegado el final de su tiempo en la Tierra, aunque, cuentan las leyendas, algunos de ellos, como Morrigan, se transformaron en elfos, duendes y hadas, unos buenos y otros malos, o con las dos caras dependiendo de su humor, como Lugh, que se convirtió en diablillo travieso a falta de dramas, amores y batallas para librar y pasar el tiempo en la eternidad.

Los únicos inmortales, Dana y Dagda, simplemente desaparecieron. Dagda refugiándose como espíritu en un lugar desconocido del cielo, y Dana descansando su alma viva sobre la mar o sobre el mundo entero.

VII
HADAS, BRUJAS,
GNOMOS Y DUENDES

Al final del arcoíris
hay un tesoro
que cuida un duende,
y si le jalas la nariz
cede y responde.

CANTO CELTA

¿Cuándo se inició la tradición de los seres de noche, de las hadas de las flores, de los gnomos del bosque, de los elfos guardianes y de los enanos y los gigantes en la mitología celta?

No se sabe, y muchas de sus criaturas empezaron a ser conocidas en otras mitologías, como la vikinga de los países nórdicos.

Las tradiciones celtas son desconocidas como fuente directa, pero por ahí donde pasaron y se asentaron dejaron la huella de sus seres fantásticos.

En la cultura celta irlandesa están más presentes gracias a los cantos y a la escritura, dándoles una identidad que no habían tenido antes, pero no faltan ni entre los galos ni entre los celtíberos, y, por supuesto, entre los bretones, nórdicos y germanos.

Los cuentos infantiles de casi todas las latitudes los contienen, y muchos hasta se pelean su originalidad, pero, como dirían los celtas, nada es de nadie y todo pertenece a la humanidad.

LEYENDAS Y MITOS

Todo lo celta es mitología, y casi toda mitología es, en cierta manera, celta, porque nos hablan de las fantasías infantiles y populares de todos los tiempos que vienen acompañando a la humanidad desde el inicio de la palabra, de la tradición oral, de las fábulas y de los cuentos.

EL GNOMO CURA SABUESOS

Otto era un gnomo que vivía en un frondoso olmo en medio del bosque, ahí recogía frutos y hierbas para cocinar.

Jamás había probado la carne, ni siquiera la de los insectos y mucho menos la de los topos o los ratones, y solo de pensarlo le venían náuseas.

Otto era del todo vegetariano, y una de sus recomendaciones a las fieras enfermas del bosque era que cambiaran de dieta porque comer carne enfermaba.

Algunos le hacían caso mientras se recuperaban y tomaban obedientemente las pociones de hierbas que Otto les daba, pero en cuanto se sentían más o menos bien, volvían a los malos hábitos.

No cabe ni siquiera mencionar que la consulta de Otto siempre estaba llena, con animales del bosque haciendo cola para que los atendiera.

Estos pacientes no aprenden, se decía a sí mismo, pero también comprendía que era su misión en la vida, y que le encantaba curar y que todos lo tuvieran por un médico de primera.

—¿Quién te curó?

—Fue Otto, el gnomo.

—¿Y dónde lo puedo encontrar?

—En medio del bosque, a los pies del viejo olmo.

Y para allá iban a curarse de sus males.

Una tarde llegaron hasta su puerta dos sabuesos, pero no para que los curara, simplemente lo olieron y se acercaron con curiosidad a los pies del viejo olmo.

Cuando Otto salió y les preguntó qué mal los aquejaba, no le prestaron atención, y solo lo olisquearon como si fuera un conejo.

Otto se asustó, y, sin medir su fuerza, siete veces mayor a la de un hombre, pegó un manotazo a uno y un pescozón al otro, dejándolos maltrechos y llorando.

Ahora sí estaban enfermos, pues a uno le dolían los dientes y a otro le dolía la cabeza.

Otto se rascó la frente y suspiró.

—Eso les pasa por no estar atentos, pero igualmente me disculpo y me ofrezco a ser su médico de hoy en adelante.

Les dio belladona, clavo y ortiga en una infusión, y sus dolores menguaron, con la recomendación de que si no querían verlo enfadado, tenían que volverse del todo vegetarianos.

Los sabuesos asintieron y se marcharon.

Un mes más tarde volvieron al viejo olmo desesperados y llorando, flacos y demacrados, con todos los dolores del mundo.

Otto se sorprendió al verlos y les preguntó que qué había pasado.

Nada, que el amo sólo les daba carne para comer y ellos, por miedo a que Otto les volviera a pegar, no probaban bocado, entonces las pulgas comenzaron a faltarles el respeto, y los conejos se burlaban de ellos y los mordían en las patas o en los costados; la piel se les irritaba con facilidad y el pelo se les caía, y los dientes les bailaban en el hocico de tanta debilidad como tenían.

Otto se sonrojó, y comprendió que había hecho mal, pues no todo se curaba comiendo hierbas y evitando el consumo de carne, cosa que le repugnaba, pero que comprendía natural y necesaria.

Les pidió perdón, y les dijo que podían comer toda la carne que quisieran, pero con moderación. Los sabuesos suspiraron y sonrieron, y antes de que Otto se molestara de nuevo por cualquier cosa, de dos rápidas y certeras dentelladas se lo comieron. Buena carne de la de gnomo, se dijeron los sabuesos, siento que me cura hasta el alma.

El duende y los nombres

Cuenta la leyenda que había un duende algo malvado que se llamaba Rumpelzinging, o algo similar.

Su maldad consistía en conocer el nombre de alguien, repetirlo tres veces seguidas y llevárselo a otro mundo del cual nunca podría regresar.

Se acercaba muy cortésmente a la gente y le preguntaba, "perdone usted, pero me suena conocido, ¿cómo se llama?", y al escuchar el nombre sonreía con malicia y lo repetía tres veces seguidas, ¡y zas!, la persona desaparecía para siempre jamás.

Una mañana soleada y agradable, Rumpelzinging se encontró con un muchacho con pinta de pícaro, de risa fácil y desaliñado, y se dijo, "este sin duda merece salir de este mundo y no volver nunca más".

—Perdone usted —le dijo muy afablemente al muchacho—, pero me parece conocido, ¿cómo se llama?

—No me llamo a mí mismo nunca, me llaman los demás —dijo el pícaro.

—Bueno, ¿cuál es su nombre?

—El mismo de mi padre.

—¿Y el de su padre?

—El mismo de mi abuelo.

—¿Y el de los tres?

—¡Pues exactamente el mismo!

—¡El mismo, el mismo, el mismo! —gritó Rumpelzinging tres veces seguidas, pero no pasó nada, el muchacho seguía frente a él sonriendo pícaramente.

—No te llamas "el mismo", ¿verdad?

—Verdad como una casa señor duende.

—Pero me puedes decir tu nombre, ¿verdad?

—Por supuesto que puedo, pero mi abuela me ha dicho que el nombre de uno es sagrado, algo así como mágico, y que solo se confiesa a los amigos de verdad.

—Yo puedo ser tu amigo más verdadero.

—¿Sí? ¿Seguro?

—¡Seguro que sí!

—Aceptado entonces como amigo. Muy bien, entonces dígame usted primero cómo se llama, y entonces yo le diré el mío.

—Soy el duende Rumpelzinging.

—¿Cómo?

—Rumpelzinging, es que acaso no me oyes.

—Sí le oigo, pero no entiendo nada.

—Rumpelzinging, muchacho, Rumpelzinging.

—¡Qué nombre más raro! ¿Rumpel qué? Suena como a nombre de cabra.

El duende se enfadó muchísimo y gritó:

—¡Rumpelzinging, Rumpelzinging, Rumpelzinging, muchacho del demonio!

Y Rumpelzinging desapareció como por arte de magia.

¿A dónde fue Rumpelzinging?

No se sabe, pero jamás volvió.

GALADRIEL, EL HADA DE LOS GRITOS

Galadriel había sido un hada muy hermosa y con una voz dulce y entonada que encantaba hasta a las flores cuando cantaba.

Príncipes y elfos, duendes y gnomos, gigantes y enanos, tritones y monstruos, héroes y dioses caían a sus pies en cuanto la escuchaban.

Muchos eran sus pretendientes, y a ella le encantaba ser el centro de atención y romperles el corazón hasta que hallara a su alma gemela.

Durante trescientos años se mantuvo perfecta, sin que se marchitara ni la piel, ni la sonrisa ni el brillo de sus alas.

Una noche de primavera pasó al lado de un viejo poeta de larga melena y barba blanca, que ni siquiera levantó la vista cuando ella pasaba, y se puso a cantar para llamar su atención, pero el poeta seguía escribiendo a la luz de las velas sin levantar la cabeza y mirarla.

Galadriel se puso a su espalda y leyó algo de lo que el viejo poeta estaba escribiendo:

> Amo a mi soledad
> más que a nada en el mundo,
> no la traicionaría
> por nadie ni por nada...

Galadriel sonrió y se puso a cantar:

> Puedo darte el mundo y el sol,
> la riqueza y la esperanza,
> la inspiración de los dioses
> mi belleza sin tardanza,
> lo que pidas te lo doy,
> no hay límites para mi magia.

El viejo poeta la vio, le hizo un gesto de cariño, le sonrió, y volvió a su escritura.

Galadriel se sintió desconcertada, y le preguntó, ¿no quieres mi amor?

El poeta volvió a sonreír, pero no asintió, y Galadriel se sintió ofendida y de sus ojos salían llamaradas.

El viejo poeta apagó las velas, se puso de pie, cogió su pluma y sus papeles, y se puso en marcha moviendo la mano como diciendo adiós.

Galadriel se quedó pasmada.

No lo podía creer, acababa de ser despreciada por un

humano, un viejo para colmo, que no había caído rendido a sus pies y se había ido dándole la espalda.

Trescientos años Galadriel estuvo inmaculada, pero el despecho le amargó el corazón y en pocos días se marchitó, dolida, triste, furiosa, y un poco enamorada. ¡Maldito viejo poeta! Pagaría caro haberla despreciado.

Su voz dejó de ser dulce.

Cada vez que quería cantar le salía de la garganta un chillido espantoso, un grito desafinado que atravesaba las paredes y rompía los cristales, y mientras más quería modular la voz, más feo gritaba.

Alguien se acercó para consolarla, pero ella en lugar de dejarse proteger, gritó más fuerte que nunca, y la persona que se le había acercado misericordiosamente, cayó fulminada.

Galadriel se sintió fuerte otra vez, y algo malvada.

Para probar su nuevo poder fue de bosque en bosque y de rama en rama, y gritó y gritó, para ver como caían muertas la aves, las ardillas, las ranas.

Fue de poblado en poblado, y cuando le venía en gana, gritaba con furor y mataba dos o tres de una sola pasada.

Reía con una risa maléfica y destemplada.

Pronto se corrió la voz de sus maldades, y los que la habían admirado antes, ahora le temían y huían de ella, pero ella se les aparecía de pronto y les gritaba "soy Galadriel, ¿no me recuerdas?", y quien la oía caía muerto a sus pies.

Galadriel, pensó: "dónde estará ese viejo poeta, quiero vengarme y gritarle a la cara que lo odio, para verlo morir al escuchar mis palabras".

Lo encontró como la primera vez, sentado debajo de un fresno y escribiendo a la luz de las velas.

La gente que pasaba por ahí al ver a Galadriel se quedó como de piedra y pronto se taparon las orejas y se pusieron cera en los oídos para no escucharla.

Se acercó al poeta decidida, lo tocó en el hombro con su mano vieja y marchita, el poeta levantó la mirada y Galadriel empezó a chillar: "¡te odio, te odio, muere canalla!".

Todos esperaban lo peor, pero el poeta encogió los hombros y volvió a su escritura.

Alguna de las curiosas cayó desmayada, y alguno cayó muerto por no haberse tapado bien los oídos.

Todos se preguntaban cómo era posible que el poeta siguiera como si nada.

¿Sería un mago? ¿Sería un dios? ¿Sería un santo inmune al mal y al dolor?

Galadriel se preguntaba lo mismo y gritaba cada vez más alto y con mayor furor, hasta quedar afónica y desgañitada, seca como una hoja en otoño, y finalmente muda, muerta y asfixiada.

La gente salió de su estupor y rodeó el cuerpo de la pobre hada, el poeta se levantó espantado y quiso ayudarla, pero ya era tarde. Todos querían hablar con el poeta y preguntarle por sus poderes, hasta que él les dijo: "Disculpen, lo siento, pero soy sordo y no oigo ni entiendo nada de lo que me están diciendo. Gracias".

La olla de oro

Cuenta la leyenda que al final del arcoíris hay una olla llena de monedas de oro resguardada por un duende.

El duende va vestido de verde y lleva un chaqué a cuadros, corbatín y un sombrero de media copa.

Tiene largas patillas y una pose de caballero, pero no hay que fiarse, pues puede matar a un gigante o convertir en conejo a quien se le ponga por delante.

La única forma de dominarlo es tomarlo por la nariz antes de tocar el oro, porque si se toca el oro antes de cogerle por la nariz, todo se desvanece, el arcoíris, la olla llena de monedas de oro y el duende.

No intentes luchar contra el duende, pues seguro te vencerá.

Los cuchillos no le hacen mella y las espadas se doblan al verle.

Puede tomar litros de cerveza sin emborracharse.

Se sabe todas las estratagemas.

Es inmune a los venenos.

Nada le ofende, nada le inquieta.

Su único punto débil es la nariz, que has de tomar entre el índice y el pulgar como una pinza que se cierra para sujetarlo bien, y no como un pellizco, porque de esa manera se escapa y entonces lanza maldiciones y utiliza su magia.

Ten en cuenta que puede transportarte a mundos de los que no se vuelve jamás.

Si no quieres la olla llena de monedas de oro, lo mejor que puedes hacer es saludarlo con cortesía y marcharte, y ahí no habrá pasado nada, el duende te dejará ir sin molestarte, o, si acaso, quizá pruebe a mover tu codicia diciéndote que debajo de esa olla hay otras cuatro ollas más repletas de monedas de oro y más grandes.

No caigas en la trampa, solo hay una olla llena de monedas de oro, y es lo suficiente grande y pesada como para que apenas puedas cargarla.

No dejes que la codicia nuble tu entendimiento, que más vale ser pobre y sano, que rico y atrapado por un duende.

Espera a la lluvia y al guiño del sol para que aparezca el arcoíris.

Ve hasta donde comienza o hasta donde termina corriendo, para que no se deshagan sus siete colores, pero llega con cautela y observa dónde está la olla llena de monedas de oro, y donde está el duende.

Saluda amable y cortésmente, acércate al duende antes que a la olla, y cuando lo tengas a mano cógele por la nariz.

No dudes, no tardes, no te precipites, actúa, decídete, o deja la olla llena de monedas de oro para otra persona que sea más audaz, y más valiente, que la riqueza no se ha hecho para todos, sino para unos cuantos, los que se la merecen por su esfuerzo y valor, y los que han tenido mucha, pero mucha suerte.

EL TRÉBOL DE CUATRO HOJAS

Si encuentras un trébol de cuatro hojas, serás de esas personas que tienen mucha, pero mucha suerte, porque con un trébol de cuatro hojas en la mano puedes dominar a cualquier duende, incluso al que cuida la olla llena de monedas de oro donde termina o comienza el arcoíris, sin tener que cogerle de la nariz y sin temer a su magia, porque gustoso te dará la olla llena de monedas de oro a cambio de tu talismán de la salud, la fortuna, el amor y la suerte, que es el trébol de las cuatro hojas.

Busca en el prado a las faldas del monte y a la salida del bosque, mira hacia abajo y pisa el césped con amor y cuidado, no vaya a ser que pises y eches a perder un trébol de cuatro hojas.

Sigue el camino de las hormigas y ve hacia dónde se dirigen, porque ellas a menudo lo encuentran y lo deshojan, pues es un talismán que protege su hormiguero. Adelántate a ellas, porque más de una fila va en busca del trébol verde y brillante de las cuatro hojas.

Mira bien, a veces está cerca del carmesí o de los claveles, unos pasos antes de que se levante el romero, siempre mágico y expectante, pues desea ser hallado y dar la salud, el amor, la fortuna y la suerte a la persona que lo encuentre.

Hay gente que lo encuentra sin buscarlo, o que tropieza con él sin esperarlo.

Hay quien lo atesora y lo guarda.

Hay quien lo dilapida o lo regala.

Tú sabrás lo que haces si lo encuentras, sin olvidar que al tenerlo entre tus manos puedes invocar a los duendes que vendrán a ti prestos a cumplirte mil deseos con tal de que se los entregues, pues para ellos es un talismán poderoso que vale más que el oro, un remedio mágico para sus males y una llave para abrir las puertas de los mundos *de la magia, que les permiten transportarse por todo el universo en un instante y sin despeinarse.*

Así que ya lo sabes.

El deseo

Los cinco hermanos Ab, Eb, Ib, Ob y Ub, se encontraron al amanecer a un duende en su jardín.

Rápido lo prensaron de la nariz para someterlo.

El pobre duende se retorcía del dolor y suplicaba que lo soltaran, y que a cambio les concedería un deseo a cada uno.

—¿Seguro?

—Seguro.

—*Te soltaremos después de cumplidos los deseos, antes no.*

—*Está bien —dijo el duende adolorido—, pidan, pidan.*

—*Yo quiero ser el más alto del mundo —dijo Ab.*

—*Yo quiero ser el más pesado del mundo —dijo Eb.*

—*Yo quiero ser el más peludo del mundo —dijo Ib.*

—*Yo quiero ser el más fuerte del mundo —dijo Ob.*

—*Yo quiero ser el más original y diferente del mundo —dijo Ub.*

—*¡Hecho! —dijo el duende.*

Ab empezó a crecer.

Eb empezó a engordar.

Ib empezó a tener más y más pelo.

Ob empezó a ponerse musculoso.

Ub empezó a cambiar.

Entonces soltaron al duende que lloraba del dolor, y,

sobándose la nariz, les dijo, lo hecho ya está hecho y no se puede deshacer jamás, y desapareció de repente.

Ab creció tanto que las aves le pegaban en el rostro y no alcanzaba a ver sus propios pies, por lo que tropezó con una montaña y cayó de su propia altura, que era tanta, que al llegar a tierra se golpeó tan duro que murió al instante.

Eb no paraba de ganar peso, y fue tanto, que empezó a hundirse por donde pisaba hasta que se lo tragó la tierra y murió ahogado por su propio peso sin poder moverse más.

Ib llegó a tener tanto pelo, que las cejas le caían sobre los ojos, la barba le arrastraba, el pecho era una selva, los brazos y las piernas una mata ensortijada, la espalda un maleza, y de la nariz le salieron tantos y tantos pelos que empezó asfixiarse sin poder remediarlo y murió envuelto por su propia cabellera.

Ob llegó a ser tan fuerte, pero tan fuerte, que todo lo que tocaba lo destrozaba, nadie podía acercársele pues salía despedido por la fuerza de su mirada, tampoco podía sentarse porque sus nalgas destruían todo asiento, y el suelo crujía pisada tras pisada, así que cerró los ojos y se quedó inmóvil, hasta que le dio comezón en el cuello, y al rascarse lo hizo con tanta fuerza, que se arrancó a sí mismo la cabeza, muriendo en el acto.

Ub, al ver todo aquello respiró tranquilo, pues por lo menos había pedido algo simple y que no mataba, ser diferente al resto, único, original y excéntrico, y llegó a serlo tanto y de tal manera, que la gente empezó a verlo raro, extraño y tan diferente, que no podían aceptarlo ni soportar su presencia, así que cansados de su presencia que tanto les molestaba, lo lincharon hasta que de él no quedó nada.

Cuando los cinco hermanos, Ab, Eb, Ib, Ob y Ub, murieron, desde el fondo del bosque se escuchó una tremenda carcajada.

LOS INMORTALES

Cuenta la leyenda que hace mucho, pero mucho tiempo, los elfos se juntaron con los hombres y tuvieron descendencia.

De la mezcla nacieron monstruos horribles, pero también seres bellos y elevados, y algunos que simplemente parecían humanos.

Estos también se juntaron unos con otros y tuvieron descendencia.

De las mezclas nacieron los gigantes y los enanos, y otros seres, como las brujas y los magos, así como otros hombres bajos, altos, bravos, cobardes, tontos y sabios.

Estos también se juntaron unos con otros y tuvieron descendencia, con muy pocos gigantes, menos enanos, algunas brujas, pocos magos y muchos humanos de todos los colores, caracteres y personalidades.

Volvieron a juntarse y a tener descendencia, y esta vez casi todos los nacidos fueron humanos, con una excepción, pues en las montañas de Escocia nació un elfo llamado Glim, pero nadie reparó en él, pues aunque era muy hermoso y luminoso, nada lo diferenciaba del resto de sus hermanos.

Cuando pasaron los años empezaron a darse cuenta de

que Glim sí era algo diferente, pues no envejecía, se había quedado con la apariencia de un muchacho cuando sus hermanos empezaban a envejecer y a deteriorarse.

No dijeron nada, pero empezaron a apartarse de él.

Glim, al darse cuenta del repudio, decidió marcharse muy lejos, donde no lo viera nadie y pudiera seguir su vida sin molestar a los demás.

El tiempo pasaba sin que Glim envejeciera, y fue a espiar a los suyos para ver cómo estaban. La mayoría ya habían muerto, y otros eran tan ancianos que apenas si podían dar un paso.

Nadie se acordaba de él, así que decidió quedarse un tiempo con los nietos y los biznietos de sus hermanos, para alejarse de nuevo cuando empezaran a envejecer y él siguiera siendo un muchacho.

Se enamoró de una joven y se casó con ella.

Tuvieron descendencia, muy normales todos ellos, y Glim respiró satisfecho cuando los vio crecer sin quedarse atrapados en la eterna juventud.

Su mujer envejeció y él se marchó para no causar problemas.

Al regresar a su risco apartado de todo el mundo, se tropezó con un gnomo de larga barba y anchos hombros.

—¿Cuántos años tienes? —le preguntó.

—No muchos —le dijo el gnomo—, solo ciento setenta, pero al llegar a los doscientos cincuenta empezaré a morir.

Un hada se acercó a ellos para conversar.

—Yo —dijo el hada—, viviré hasta los trescientos, entonces empezaré a menguar.

Glim se sintió extraño, y se confesó:

—Los hombres solo llegamos a los cien, y luego nos marchitamos, pero yo ya los rebasé y sigo pareciendo un muchacho, no sé cuándo partiré.

—Tú no eres un hombre —le dijo el hada—, eres un elfo.

—¡Así es! —apuntó el gnomo.

—¿Y cuánto viven los elfos? —preguntó Glim.

—Pues —calculó el hada—, creo que si no les cortan la cabeza viven para siempre.

—O quinientos años por lo menos —agregó el gnomo—, aunque la verdad es que no lo sé.

Un duende apareció entre un arbusto y dijo:

—Nada de eso, somos los duendes los que vivimos quinientos años, los elfos viven mucho más, porque descienden de los dioses, aunque no de manera carnal. Los gigantes sí sabían de estas cosas.

—¿Y dónde hay un gigante para preguntarle?

—No queda ninguno —le respondieron todos—, se extinguieron para siempre.

—Pues yo no quiero vivir para siempre con esta duda —se quejó Glim.

—Te podemos cortar la cabeza para que salgas de dudas —le dijo el hada, y todos asintieron.

—No gracias —dijo Glim.

—¿Qué harás entonces? —le preguntaron.

—Pues vivir el cuento de nunca jamás.

Glim se fue a refugiar a su risco del que ya nunca salió, según unos, o se fue a recorrer el mundo para vivir toda clase de aventuras, por lo que quizá todavía ande por ahí, *siempre joven, según otros, esperando encontrar a otro elfo, quizá descendiente de él mismo, para compartir la vida sin temor a que envejezca ninguno de los dos.*

El mito de la sangre celta

Los celtas nunca formaron un solo grupo cohesionado y endógamo, sino que fueron varios y diversos pueblos que vivían de acuerdo con la naturaleza asentados en gran parte de Europa y provenientes de Asia Meridional, entre la India y el Cáucaso, como los gitanos originales, pero no se sabe mucho más, para desparramarse después por medio mundo europeo.

Los griegos los llamaron celtas, o "los ocultos", porque no se acercaban demasiado a las ciudades estado, o mundo civilizado; y Julio César mantuvo el apelativo genérico, pero los parisii de Lutecia se llamaban a sí mismos parisii, no celtas.

Los de la Galia se llamaban a sí mismo galos.
Los de la Bretaña francesa, bretones.
Los de España y Portugal, íberos.
Los de las islas británicas, irlandeses, galeses y escoceses.

Y hasta mucho tiempo después con motivo de tener como rasgo común las lenguas indoeuropeas celtas, se les llamó genéricamente celtas a todos los grupos que se asentaron en la Europa Central en la Edad de Bronce.

Es posible que se hayan mezclado con sajones, godos, germanos, daneses, suecos y noruegos, y hasta que hayan tenido contacto con los vikingos emergentes alrededor del siglo IX de nuestra era, con los que compartían ciertos rasgos y costumbres culturales, incluso enfrentamientos, pero nada más.

Así que no hay sangre celta, solo semillas, que pueden florecer por cualquier lado porque en cierta manera los celtas son parte de nuestros antepasados en lo que respecta a que sus ancestros provienen de la Europa Central, y en ese sentido muchos de nosotros somos algo celtas.

Cuentan que esa semilla florece principalmente en magos, brujas, modernos druidas, médicos naturistas, maestros de biología, botánica, oceanografía y similares, hippies, comuneros, veganos, vegetarianos y, en fin, todos los que se dedican a lo alternativo, ecológico, empático o espiritual.

Hay un espíritu celta sin duda en toda la naturaleza y en el corazón de los hombres que protegen el planeta y cuidan de los suyos y de su entorno.

Pero no hay una raza celta ni nada que se le parezca.

VIII
SAN PATRICIO,
REALIDAD, MITO Y LEYENDA

¡Bebamos, bebamos cerveza!
pues beber eleva al cielo,
atrae el amor
y aleja las tristezas.

CANTO CELTA

San Patricio goza de gran popularidad en buena parte del mundo, y quizá su historia real no sea del todo celta, pero sí su espíritu y su mito en la Irlanda Gaélica, el mismo que comparten millones de personas el día 17 de marzo, año tras año, con algunos excesos y total alegría.

No fue realmente el que llevó el catolicismo a las islas británicas, pero sí fue de los primeros que se atrevió a intentar evangelizar a los irlandeses sobre el siglo IV de nuestra era, cuando la Iglesia católica, apostólica y romana estaba en pañales, por lo que muchas de sus anécdotas son contrarias a la cronología de la verdadera expansión del catolicismo.

Históricamente hablando, san Patricio nació en el 386 de nuestra era en Britania, (cerca del famoso Muro de Adriano, y en uno o en otro pueblo dependiendo de la fuente), y murió en el 461, en el pueblo de Mourne y Down al norte de Irlanda.

¿Cómo se hizo católico en esas épocas cuando aún la Iglesia no llegaba tan lejos? Es un misterio, por lo que algunos historiadores, como T.F. O'Reilly, creen que ese san Patricio no es el verdadero Patricio, sino que fue Paladio, enviado por el Papa Celestino I, como el primer obispo de la Iglesia católica en Irlanda en el año 431, lo que está más cerca cronológicamente de las incursiones católicas en las islas británicas, y que si le llamaban "Patricio" no era por su verdadero nombre (ni del primero ni del segundo) sino porque era un privilegiado que venía de Roma, como tantos otros patricios romanos que buscaban fortuna lejos de la sede del Imperio, ya que este nuevo obispo venía de una adinerada familia romana.

La ruta del Patricio histórico es algo confusa, como toda la historia de los pueblos celta, por lo que han prosperado todo tipo de leyendas alrededor de su persona.

Las prisas de la Iglesia por hacerse de fieles en sus primeros años fuera de Roma, ha creado toda clase de mitos y falsas historias de santos y similares, por lo que no sería nada raro que el verdadero san Patricio no apareciera por Irlanda hasta el siglo VII de nuestra era, con una larga avanzada anterior de catolicismo.

Se cuenta que el verdadero san Patricio, si es que lo hubo, fue raptado de joven por una tribu celta dedicada a la piratería marítima, los escotos, a pesar de que los celtas nunca tuvieron fama de facinerosos, pero eso lo acercaría cultural y emocionalmente a los celtas de todo el mundo, y a los celtas irlandeses que más tarde intentaría evangelizar.

¿*Todo un invento?*

Paladio es más histórico que san Patricio a pesar de los escritos que avalan al segundo, como su *Confesión*, una actividad escrita muy practicada por monjas y monjes del medievo y del barroco, porque es demasiado *ad hoc* y no demuestra que haya logrado sus propósito de evangelización en Irlanda:

Sin cesar doy gracias a Dios que me mantuvo fiel el día de la prueba. Gracias a Él puedo hoy ofrecer con toda confianza a Cristo, quien me liberó de todas mis tribulaciones, el sacrificio de mi propia alma como víctima viva, y puedo decir: ¿Quién soy yo, y cuál es la excelencia de mi vocación, Señor, que me has revestido de tanta gracia divina? Tú me has concedido exultar de gozo entre los gentiles y proclamar por todas partes tu nombre, lo mismo en la prosperidad que en la adversidad. Tú me has hecho comprender que cuanto me sucede, lo mismo bueno que malo, he de recibirlo con idéntica disposición, dando gracias a Dios que me otorgó esta fe inconmovible y que constantemente me escucha. Tú has concedido a este ignorante el poder realizar en estos tiempos esta obra tan piadosa y maravillosa, imitando a aquellos de los que el Señor predijo que anunciarían su Evangelio para que llegue a oídos de todos los pueblos. ¿De dónde me vino después este don tan grande y tan saludable: conocer y amar a Dios, perder a mi patria y a mis padres y llegar a esta gente de Irlanda, para predicarles el Evangelio, sufrir ultrajes de parte de los incrédulos, ser despreciado como extranjero, sufrir innumerables persecuciones hasta ser encarcelado y verme privado de mi condición de hombre libre, ¿por el bien de los demás?

Dios me juzga digno de ello, estoy dispuesto a dar mi vida gustoso y sin vacilar por su nombre, gastándola hasta la muerte. Mucho es lo que debo a Dios, que me concedió gracia tan grande de que muchos pueblos renacieron a Dios por mí. Y después les dio crecimiento y perfección. Y también porque pude ordenar en todos aquellos lugares a los ministros para el servicio del pueblo recién convertido; pueblo que Dios había llamado desde los confines de la tierra, como lo había prometido por los profetas: A ti vendrán los paganos, de los extremos del orbe, diciendo: "Qué engañoso es el legado de nuestros padres, qué vaciedad sin provecho". Y también: "Te hago luz de las naciones, para que mi salvación alcance hasta el confín de la tierra".

Allí quiero esperar el cumplimiento de su promesa infalible, como afirma en el Evangelio: "Vendrán de Oriente y Occidente y se sentarán con Abraham, Isaac, Jacob".

La mención de Cristo, personaje que en las primeras etapas de la Iglesia, en el siglo V de nuestra era, ni siquiera era aceptado como divino (sobre todo por los ostrogodos arrianos que entonces dominaban Roma y a la Iglesia), es una de las críticas que los expertos hacen en su *Confesión*, con lo que podía quedar descartada su autenticidad.

En esa época, además, los celtas irlandeses ya celebraban sus fiestas con abundante cerveza y uno

que otro exceso por el mes de marzo, mes de cosechas, fiestas e inicio de año (el 1 de enero como
inicio del año fue considerado bastante más tarde),
como podemos leer en el poema de Loegairé, rey de
Tara, en el siglo V:

Es cerveza lo que cae cuando llueve

I

¡Qué maravilla, oh Crimthann Cass!
Es cerveza lo que cae cuando llueve.
Todo ejército en marcha tiene cien mil guerreros
y va marchando de reino en reino.

Se escucha la música noble y melodiosa de los dioses.
Se va marchando de reino en reino.
Bebiendo en copas brillantes,
y se conversa con quien os ama...

Tengo por mujer mía
a Der Grené, hija de Fiachna.
Y también hay una mujer
para cada uno de mis cincuenta compañeros.

Nos hemos llevado de la llanura de Mag Mell
treinta calderos, treinta cuernos para beber.
Nos hemos llevado el lamento que canta Maer,
hija de Eochaid, el silencioso.

¡Qué maravilla, oh Crimthann Cass!
Es cerveza lo que cae cuando llueve.
Todo ejército en marcha tiene cien mil guerreros
y va marchando de reino en reino.

II

¡Qué maravilla, oh Crimthann Cass!
Fui dueño de la espada azul.
¡Una noche entre las noches de los dioses!
Y no la entregaría por todo tu reino.

No importa si fue histórico o inventado, porque al final fue considerado el santo patrono de Irlanda por la Iglesia católica, apostólica y romana (y no por el pueblo celta), y celebrado cada año como se celebraba a cualquier otro santo.

Impuesto como patrón de Irlanda, poco a poco se fue instalando entre las tradiciones celtas del lugar, hasta ser aceptado del todo, aunque no por católico, sino porque en sus fiestas se bebía mucha cerveza, daba buena suerte con su trébol, era ecologista y preservador con su color verde, y permitía muchos excesos amorosos y carnales, algo que los celtas irlandeses, y los celtas de todos los tiempos, veían sano y natural.

SAN PATRICIO MÍTICO, EL SANTO DE LA CERVEZA

El esperado, que tardó míticamente cinco o siete siglos en llegar a Irlanda junto con el catolicismo, pero que no fue el santo que deseaba la Iglesia, si bien fue igualmente funcional para sus fines de cristianizar a los celtas irlandeses, pues junto con santa Brígida llevó a muchos irlandeses a misa, y con ello a pagar su respectivo diezmo, es todo un ser mitológico que hacía milagros, superaba prisiones, alentaba a los ejércitos y traía suerte y abundancia.

San Patricio, el adoptado

El trébol, con sus tres hojas, era una hierba mítica y mágica en Irlanda, sobre todo si en lugar de tres tenía cuatro hojas, no tardó en ser adjudicado a san

Patricio como símbolo, además de suerte y fortuna, de la Santísima Trinidad de Dios Padre, Dios Hijo y Dios Espíritu Santo, e incluso en su cuarta hoja, con una Diosa Madre, como Brigid que pasó a ser santa Brígida, diosa celta trinitaria también.

San Patricio no alcanzó verdadera fama mundial hasta el siglo XX de nuestra era, justo en el año 1903 y gracias a la migración de irlandeses a otras tierras, como las de Norteamérica.

Tuvo sus seguidores, pero también sus detractores, dentro y fuera de la mitología celta y de la Iglesia católica, unos por considerarlo un intruso, y otros por considerarlo demasiado celta o poco apegado al canon católico.

Místico, mítico y escritor, dispersó sus enseñanzas católicas, pero no las impuso a sangre y fuego, pues, según cuentan, fue muy tolerante con las tradiciones celtas de los irlandeses.

No llegó a ser un mártir, pero sí sufrió el rechazo y hasta la prisión, para morir anciano y apaciblemente en su Irlanda adoptiva.

Su mito y celebración, el 17 de marzo, empezó a tomar fuerza en el siglo XVIII (junto con la cerveza Guinness) de nuestra era, con una Irlanda más católica que celta, recordando los supuestos milagros del santo, como el de haber hecho de Irlanda una tierra más fértil y cultivable, cuando en realidad seguía siendo un terreno pedregoso del que se quejaban ganaderos y agricultores, con una Irlanda del Norte, más pequeña, pero a la que le habían tocado los mejores terrenos y donde el catolicismo era repudiado a favor del protestantismo.

En la Irlanda celta costó mucho trabajo la inmersión al catolicismo, que se mantiene sincrético hasta nuestros días, y la Iglesia anglicana apenas tuvo algunos seguidores, aunque poderosos y proclives a Inglaterra.

Para algunos, san Patricio fue símbolo de insurrección y nacionalismo, por más que él fuera escocés, sin llegar al heroísmo del perro del Ulster, pero sí defensor de la independencia y soberanía irlandesas.

Hoy en día es más un elemento mágico y milagroso, festivo y protector, incluso maestro sabio y educador, que un santo de sacrificio y sufrimiento.

Es decir, más parecido a un gran druida que a un santo católico, lo que lo mantiene en la cúspide de la popularidad incluso en regiones nada celtas donde ni siquiera saben quién fue o si existió realmente, porque para muchos es simple y llanamente el santo de la cerveza y la desinhibición.

"¡Que Dios lo mantenga en su jarra (pinta)!", se le canta en su día con ese humor celta irlandés tan libre como irreverente, y es que desde los mitos celtas más antiguos, la cerveza es una bebida sagrada, tanto como la marmita y los calderos donde se elaboraba, tenida por pócima secreta y mágica que eleva los corazones, da valor y desinhibe a los cuerpos, por lo que quien cayera dentro de ella en su infancia, tenía poderes especiales, como fuerza descomunal y un valor a prueba de legiones romanas.

Todos los pueblos de ascendencia celta son grandes consumidores y productores de cerveza, desde Galicia hasta Escocia, y desde Bélgica hasta Irlanda, y el Día de San Patricio un buen pretexto para degustarla.

Todos los pueblos celtas han sido poco religiosos, pero sí muy supersticiosos, y san Patricio con su trébol místico y de la fortuna cayó como anillo al dedo a los celtas irlandeses.

Un trébol de cuatro hojas, el colmo de la suerte

MEJOR QUE EL AGUA

Cuentan y dicen que en Irlanda hace muchos siglos hubo una terrible sequía, por lo que los campesinos acudieron a san Patricio para que hiciera llover.

"Lo siento", les dijo san Patricio, "no puedo hacer que llueva para quien no cree y se burla de la Santa Madre Iglesia".

Los campesinos se enfadaron tanto que estuvieron a punto de lincharlo.

Entre los gritos de la turba, san Patricio grito con fuerza: "¡No tienen agua, desdichados herejes y ateos, pero bien que tienen cerveza! Si tuvieseis fe es posible que lloviera...".

Los campesinos se detuvieron, miraron al santo, y asintieron con la cabeza; fueron por los toneles de cerveza, los llevaron al campo y con el líquido ámbar regaron sus tierras y, ¡milagro!, empezaron a salir brotes incluso de las piedras, y no, no tuvieron fe, pero sí tuvieron sagrada y milagrosa cerveza.

IX

La sabiduría
de los druidas

Siembra la semilla
y cuida sus brotes,
crece con ellos,
come sus frutos,
admira sus flores.
CANTO CELTA

Los druidas eran magos, sacerdotes, consejeros, curanderos y maestros, y los encargados de conservar y transmitir las tradiciones del pueblo celta.

Desde muy temprana edad todos los niños y niñas de la comuna iban a la instrucción del druida, para aprender todo acerca de las plantas y de la naturaleza, del comportamiento y del espíritu celta.

Los druidas se dedicaban de por vida a la comunidad y establecían una especie de dinastías de padres a hijos, de abuelos a nietos o de maestros a discípulos, según unos, o simplemente aparecían y se hacían cargo de los menesteres de su profesión sin mezclarse personalmente con los celtas, según otros.

Normalmente no participaban ni en las batallas ni en las guerras, a menos que fuera del todo indispensable y no quedara más remedio.

Tenían consciencia ecologista, tanto en el consumo como en los desechos.

Repoblaban todo lo cultivado, y además de expertos agricultores también eran horticultores especializados, conocedores de injertos y esquejes y de pequeños huertos muy productivos.

Hacían sus pócimas curativas con todo tipo de plantas, hongos, hierbas, flores y cortezas de árbol. Cuentan que a ellos se debe el descubrimiento y aplicación del ácido acetil salicílico, o aspirina, útil en la insuficiencia cardíaca y para solventar las gripes y los dolores de cabeza, que obtenían de la corteza del olmo.

Un druida colosal en la pira

También ejercitaban el cuerpo, tanto como la mente y el alma, para mantener a la comunidad en perfecto estado.

No eran cocineros, pero enseñaban a cocinar; y no eran artesanos, pero enseñaban a trabajar con las manos.

Quien tiene un druida, tiene un tesoro.

DRUIDAS, SERES SOBRENATURALES

Los druidas han pasado por todo tipo de interpretaciones, tanto que hay quien los relaciona con la raza de los magos, a la cual pertenecen Merlín y Gandalf el Gris, ajenos a las demás razas y cuya procedencia se desconoce.

Muchos druidas eran más altos que la media, y eso era suficiente para que algunos los consideraran gigantes, seres sobrenaturales.

Su persistencia en el tiempo y en el espacio, casi tres mil años, o más, entre los celtas de todas las regiones, les da un tono especial más allá de todas las creencias y de todas las religiones.

Solo en Irlanda se supone que adoraban al dios bueno, Dagda, pero este es un dios tardío en la cultura celta, sobre el siglo V de nuestra era, cuando los celtas galos, celtíberos e irlandeses ya llevaban cerca de dos mil años de existencia con sus respectivos druidas.

No hay constancia escrita de ello, pero se cuenta que a algunos druidas celtíberos los quemaron vivos, tanto por herejes, como por el miedo que despertaban entre el vulgo con sus artes mágicas.

Hasta el siglo I antes de nuestra era no se había

escrito nada sobre ellos, aunque llevaran entre los pueblos celtas más de mil años.

Julio César, en sus campañas bélicas en la Galia, habla de ellos como profetas y magos, tanto como rebeldes guerreros que instaban a los celtas galos a la lucha y a la rebelión contra los romanos.

Druidas del campo

DRUIDAS GUERREROS

Los druidas eran buenos estrategas, pues reconocían cuándo debían luchar los celtas, y cuándo no.

Sabían animar a sus tropas y hacer una especie de guerra psicológica contra el enemigo con sus pócimas y su magia, que llegaba a paralizar legiones enteras, como cuenta Tácito y adorna Suetonio.

Como diría Rilke, más que hacer la guerra, se defendían, resistían y mantenían a los celtas lejos de los peligros y las malas influencias, del despojo y del abuso, solo resistencia en libertad y armonía con la naturaleza.

No eran herreros, pero sabían de mezclas de metales para elaborar las famosas armas de los celtas.

No eran soldados, pero sabían preparar a sus discípulos para el combate.

Un druida guerrero

DRUIDAS POETAS

Los druidas amaban el arte, y alguno de ellos fue, además de druida, poeta, aunque parece que no eran amigos de la lectura ni de la escritura, o bien la conservaban en secreto para ellos mismos, porque no se conserva escrito alguno de ellos o sobre ellos y sus creaciones, por lo menos hasta que se instalaron en Irlanda, donde los druidas fueron dejando su lugar en manos de los monjes celtas más o menos cristianos, y de los nuevos sacerdotes que se sumaban a la causa de la soberanía y la independencia.

Por supuesto, como Dagda, eran virtuosos del arpa, y se cuenta que tenían una voz varonil y encantadora, mágica y agradable, por lo que además de elevar las almas y agradar a los corazones, esparcían sus enseñanzas o hacían conjuros mágicos para proteger a la población.

Druidas sin duda muy refinados, que para algunos celtas resultaban demasiado empalagosos; pero que nadie se llamara a engaño, pues esos mismos druidas sensibles eran capaces de tomar la espada y enfrentarse a cualquiera.

DRUIDAS DIMENSIONALES

Los druidas se reunían a menudo en secreto para compartir conocimientos y experiencias, pero, ¿dónde se reunían?

Sí, se reunían y compartían información y conocimientos, como si fueran una secta o una raza aparte.

Unos cuentan que en el centro de un claro del bosque, en lugares inaccesibles en la montaña, detrás de una cascada, en una cueva profunda o en una explanada perdida a la luz de las estrellas; pero no falta quien diga que se reunían en otro mundo, en otra dimensión, en otra esfera, o hasta en una nave nodriza.

Los dólmenes podían ser puerta dimensional o punto de encuentro para que ascendieran a los cielos y desde ahí celebrar sus conclaves, lejos de peligros y miradas indiscretas.

Centro de culto druida

¿DRUIDAS SACERDOTES?

Aunque los celtas irlandeses abrazaron finalmente (a su manera) la religión católica, no se puede decir que los druidas fueran sacerdotes, ya que no profesaban más culto que el de la naturaleza, y fuera de Dagda en los últimos tiempos de su ministerio, jamás adoraron a ser espiritual y divino nunca.

Querer ver en ellos las formas religiosas occidentales o de otras latitudes, es un error de apreciación partidista, o un "hoyismo eurocéntrico" como dirían los antropólogos.

Por mucho que cueste, hay que aceptar que hay otros modos de vida y de conocimiento que los propios o que los actuales.

La nave de los druidas

Ser sabio y ser maestro no implica ser sacerdote de culto alguno.

¿De dónde adquirían sus conocimientos? No se sabe, pero es obvio que los tenían, que los enseñaban y que los practicaban.

¿De dónde salieron, de dónde vinieron, cómo es que se asentaron con los celtas y no con otros pueblos libres e independientes como los espartanos, o con los refinados griegos o los bélicos romanos?

Enseñaban a los celtas, cierto, pero ¿de dónde venían sus conocimientos, de dónde los aprendieron, quién se los enseñó a ellos? Tampoco se sabe.

Pero se sabe perfectamente que no eran sacerdotes ni obligaban ni seducían a nadie con mentiras y falsas promesas para que los siguieran y los obedecieran.

Tampoco eran monjes a pesar de su supuesto celibato y dedicación exclusiva a su pueblo, que no a un culto determinado.

¿A DÓNDE SE FUERON LOS DRUIDAS?

La primera gran persecución contra los druidas galos se dio en el siglo II de nuestra era, cuando tanto Tiberio como Claudio los declararon reos de condenación y herejes, no al catolicismo, sino a la religión romana, pues no rendían culto ni a Júpiter ni a dios alguno del panteón romano.

Quizá entonces no desaparecieron ni se fueron a otro lado, sino que simplemente adoptaron un perfil más discreto, tanto, que en la Galia no se supo más de ellos durante dos o tres siglos.

En la península ibérica fueron asediados por el catolicismo a partir del siglo V, y se fueron ocultando del mapa, pero estuvieron ahí por lo menos hasta los siglos XII y XIII, con los celtíberos transformados y asentados en Galicia y Lusitania.

La arenga del druida

Los druidas siempre fueron incómodos para el poder de sus vecinos, pues además de sabios eran revolucionarios que no aceptaban más ideología y creencia que hacer las cosas bien respetando la naturaleza ambiental y humana.

Entre los celtas irlandeses duraron más, quizá hasta el siglo XVII, o bien, según algunos autores, hasta nuestros días, camuflados con su población.

Nunca fueron protagonistas ni buscaron fama, riqueza o gloria alguna, simplemente hacían lo que tenían que hacer y no se metían con nadie ni medraban en las creencias ni en la política.

¿Predecían el futuro? ¿Podían hacerse invisibles? ¿Se transformaban en animales para pasar desapercibidos? En realidad no se sabe, pero dentro de las leyendas de la mitología celta, los druidas eran capaces de eso y más, por lo que no les costaría demasiado engañar a sus perseguidores.

Es posible, por tanto, que nunca se fueran ni desaparecieran del todo, simplemente dejaron que el mundo y los celtas siguieran su curso, pues esa es la naturaleza humana; aunque algunos aseguren que, como los elfos al final de la Tierra Media, se embarcaron en una nave celestial que los llevó lejos de esta dimensión o de este planeta, pues la Era de los Hombres había llegado, y todas las demás razas y seres fantásticos o mágicos debían dejar el campo libre a los humanos.

LA CENA DEL DRUIDA

Cuenta la leyenda que un druida, perseguido por las santas y nobles huestes cristianas que querían prenderlo y quemarlo vivo en la hoguera para beneplácito de su sensible y bondadoso dios, se convirtió en jabalí y huyó hacia el bosque de la montaña, donde no podían alcanzarlo.

Ya era mayor, y el esfuerzo de correr y transformarse en jabalí lo habían dejado exhausto, así que una vez que se sintió a salvo se echó a dormir bajo un frondoso olmo.

—¿Cómo has hecho para que este guiso te quede tan delicioso? —le preguntó a su marido la mujer celta.

—Nada en especial, pero sí, debo reconocer que me quedó exquisito.

—¿Alguna hierba en especial?

—No, mujer... lo único diferente es que, cuando salí a cazar, me lo encontré en el bosque dormido.

X

Comunidades celtas
en nuestros días

¿Qué verán mis hijos?
Y mis nietos, ¿qué verán?
¿Qué verán también sus hijos?
Yo no sé lo que verán.

Canto celta

Vale la pena señalar en este breve capítulo qué ha sido de los celtas.

Hoy en día se siguen considerando a sí mismas naciones celtas: Asturias y Galicia en España; Escocia, Irlanda, Gales y Bretaña; e incluso Cornualles y la Isla de Man, en el área inglesa.

Muchos de ellos siguen dedicándose a la agricultura y a la ganadería, e incluso a cazar y a recolectar, y a fabricar cerveza, tanto de manera artesanal y tradicional, como con las modernas tecnologías.

El espíritu celta es más amplio y llega a más regiones y naciones, como las nórdicas, con sus aires de libertad e independencia, y su forma de vida de acuerdo a la naturaleza.

Su herencia de resistencia ante la opresión y ante lo que se considera civilizado y normal, está vigente.

Algunas comunidades celtas viven en el anonimato, sembrando y llevando una vida ecologista, sin vehículos contaminantes y sin fertilizantes químicos.

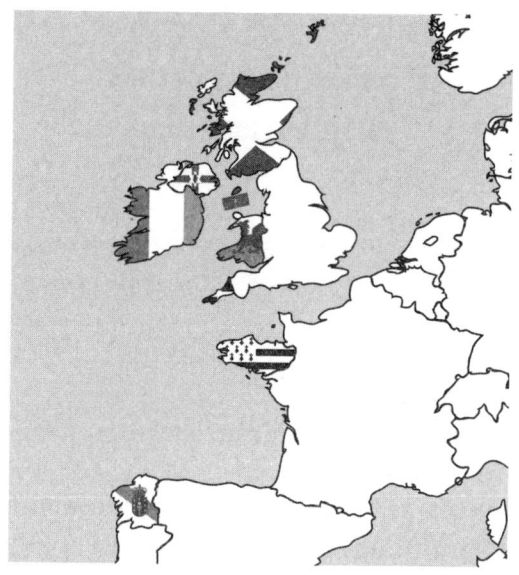

Naciones celtas de hoy

Algunas venden sus productos, y otras simplemente los consumen, ya que su apuesta es la autosuficiencia.

No se sabe nada de los clásicos druidas, pero es posible que entre sus filas haya maestros expertos en hierbas y remedios de salud.

Poco se sabe de su pasado, a pesar de haber estado presentes en todos los momentos históricos de los últimos tres mil quinientos años, por lo menos, y poco se sabe de su presente.

No les gusta hacer ruido. Prefieren mantenerse ocultos. No les interesa ni el dinero, ni la fama ni la gloria.

¿ANARCO NIHILISTAS?

Ni dios. Ni patria. Ni gobierno. Tampoco fama, gloria o dinero.

Vida natural. Hospitalidad. Solidaridad. Protección. Pero también bravos guerreros, decididos y valientes cuando hace falta.

Detalles por lo que algunos autores los colocan dentro de los grupos anarquistas del siglo XIX, y sobre todo de los anarquistas nihilistas.

La famosa Mano Negra balcánica y española, fue un movimiento político y rebelde que se desarrolló en zonas tradicionalmente celtas, pero eso no quiere decir que en realidad fueran celtas que intentaban derrocar a los imperios de su época.

¿CÍNICOS?

La escuela filosófica de Diógenes de Sapino poco o nada tiene que ver con la interpretación negativa que se le da a la palabra cinismo.

La palabra cinismo viene del griego *kynos*, que no quiere decir otra cosa que "perro", como el perro que acompañaba a Diógenes en su barril a las puertas de Atenas.

El cinismo fue una escuela naturalista contraria a la hipocresía y a las convenciones morales y sociales, algo muy celta, pero, por supuesto, no se tienen datos de que Diógenes haya influenciado a los celtas, ni que los celtas hayan influenciado a Diógenes.

Los celtas espantaban a las buenas conciencias europeas, lo mismo que Diógenes escandalizaba a las buenas conciencias atenientes, con lo que el espíritu celta estaba presente en ambos casos, pero sin conexión alguna que se pueda saber ni contrastar.

¿Dónde están los celtas de hoy?

En sus naciones particulares y por todo el mundo, algunos todavía son señores de los caballos, con sus druidas y sin ellos, sobre todo ahora que el ecologismo (aunque alarmista) se ha puesto de moda y mucha gente vuelve sus ojos a la naturaleza y desea vivir de acuerdo con ella, con una historia mitológica, y una mitología celta del todo histórica.

Señores celtas

Y no, no es la sangre celta la que corre por nuestras venas, como aseguran los amantes de la eugenesia, es el espíritu celta el que está sembrado en nuestras almas y en nuestros corazones. Palabra de druida.

El Celtic de Glasgow, el Celta de Vigo, los Celtas Cortos (cigarrillos y grupo musical), la cerveza celta artesana (hay cientos de muestras) los tatuajes celta, el *shamrock* (trébol) en cientos de productos, desde gasolinas hasta dulces y malvaviscos.

También en películas y series de televisión que a menudo confunden lo vikingo con lo celta. La cultura celta está por todas partes en el mundo actual.

Cuentan y dicen que, además, hay varias sectas o comunas, espirituales o simplemente campesinas inspiradas en la mitología celta, o en lo poco que se conoce de su historia.

Sus nombres están velados porque no les interesa la popularidad o la publicidad, ya que hasta ellas llegan muchos aspirantes a una vida ecológica y mejor, alejándose del mundanal ruido, más allá de ideologías religiosas o políticas, respetando y cuidando de la naturaleza.

Las hay que tienen sus propios supermercados donde venden productos naturales y orgánicos, lo que las acerca demasiado a ese mundanal ruido del que pretenden huir, tanto por interés económico como para sensibilizar a sus compradores y atraerlos a su estilo de vida.

No todas desprecian el mundo moderno, pero sí intentan que este mundo moderno sea sustentable.

Por supuesto, hay institutos y universidades que

se dedican actualmente al estudio de la cultura celta, como en los que colabora el profesor Ramón Sainero en España, o John Koch en California, y un sin número de estudiosos de los celtas en Escocia e Irlanda que vienen tratando el tema desde hace un par de siglos.

Epílogo

La novedad de lo antiguo,
y la modernidad de lo arcaico y lo viejo

Hay cosas que no se ven
aunque se tengan
enfrente.

Proverbio celta

Acercarse a una cultura de la que apenas se tienen datos escritos y fidedignos no es nada fácil, pero sí estimulante y agradable.

Historiadores famosos de la antigüedad como Tácito, Suetonio, Heródoto, los dos Plinio y Arriano, entre muchos otros, apenas mencionan a los pueblos celtas en sus escritos. Julio César en sus textos sobre la Galia nos rebela un poco más, pero no lo suficiente.

La lengua celta, de origen indoeuropeo y que dura hasta nuestros días como gaélico, es el denominador común de los pueblos centroeuropeos de la Edad de Bronce y de Hierro, que podían ser muy diferentes y diversos entre ellos, pero que se entendían en un mismo idioma.

La lengua da identidad y forma carácter, es cierto, porque con ella no solo se entienden un grupo de palabras, sino de conceptos e ideas comunes.

Hablar una misma lengua facilita los intercambios y los acuerdos.

Hablar una misma lengua ayuda a entender incluso las bromas, el humor, la poesía, los cantos, las críticas y la disparidad de pensamientos, al tiempo que mantiene una serie de tradiciones y conocimientos.

Desde los celtas más antiguos hasta los más modernos, pasando por los galos, los bretones, los lusitanos, los celtíberos, los galeses y los irlandeses, entre muchos otros, la lengua celta se ha mantenido y ha influenciado a sus vecinos nórdicos y germanos a lo largo del tiempo.

Lo más antiguo puede ser lo más moderno.

La arqueología es una ciencia joven, y sus investigaciones y descubrimientos se van haciendo poco a poco desde el siglo XIX, desentrañando el pasado para darle sentido al presente; lo que no se descubra hoy, se descubrirá mañana, sobre todo en el caso de los celtas que han sido muy poco estudiados.

Petroglifo de símbolo celta

Los seres humanos, en lo fundamental, no hemos cambiado mucho ni mental ni emocionalmente, a pesar de que unos han apostado por el progreso, la civilización, la religión y la industria, mientras que otros, como los celtas, lo han hecho a favor del entorno y del planeta, lo que en muchas ocasiones les ha traído la desgracia de la guerra, la descalificación y hasta la muerte.

Todos aman, sienten, sufren, lloran, ríen, comen, beben y duermen, pero unos lo hacen bajo techo y rodeados de basura y desechos, y otros lo han hecho al aire libre, sanos e independientes.

Por supuesto que no es del todo despreciable el progreso, ni las ciencias ni la tecnología, pero a veces los avances no son del todo necesarios y producen más problemas que soluciones.

Narcisismo y vanidad van de la mano en la destrucción del planeta, y a menudo se construyen obras faraónicas mientras el pueblo muere de hambre.

Tener consciencia de lo que se hace no es habitual, y la famosa conciencia que nos dice lo que está bien y lo que está mal tampoco es suficiente, simple y llanamente porque no le hacemos caso y premiamos nuestros intereses inmediatos en lugar de pensar y hacer las cosas a largo plazo sin dañar al medio ambiente.

La naturaleza puede ser cruel, por supuesto, sobre todo si la observamos bajo el prisma de la moral occidental, porque puede construir y destruir entornos y seres sin que le tiemble la mano, pero no engaña, y si se le conoce se pueden tomar medidas anticipadas para sobrevivir a pesar de los cambios a los que nos enfrente.

Los celtas conocían a la naturaleza, la respetaban y hablaban con ella.

No deforestaban ni recolectaban ni cazaban más de la cuenta.

Mantenían limpia la empalizada y sus cuerpos.

No acumulaban basura ni desechos.

Producían solo lo que iban a usar y a consumir.

No tenían leyes restrictivas ni normas sociales desiguales opresivas.

No había pobres ni ricos, ni hambre ni desprecio por los diferentes.

No conquistaban ni medraban, pero se defendían, porque sabían que esta vida es una larga batalla y que algunos animales atacan a otros, por lo que luchar y enfrentar los peligros era algo natural.

Se asentaban por siglos, pero también marchaban hacia nuevos territorios cuando era necesario.

Toda una utopía del pasado que muchos intentan lograr en el presente.

¿Se pueden hacer muchas cosas sin dañar al medio ambiente? Obviamente sí se puede.

¿Se puede conocer, estudiar, filosofar y saber sin medrar? Por supuesto que sí.

Hoy sabemos, como lo sabían los celtas hace tres mil años, que lo sustentable es posible, y que se puede construir sin destruir y avanzar sin imponer a los demás nuestro criterio, tanto en las ciencias como en las artes, pero aún muchos se niegan a hacerlo, y creen que solo rompiendo los bosques y las selvas, imponiendo leyes y conocimientos, lengua y religiones a otros pueblos se puede alcanzar el progreso.

Podemos incluso viajar al espacio y conocer las maravillas del universo sin necesidad de romper nada, porque está en la naturaleza del ser humano lograrlo, solo hace falta que dejemos brotar sin miedo el espíritu celta que todos llevamos dentro desde los primeros tiempos de la humanidad, porque aunque parezca una paradoja, lo más antiguo suele ser lo más moderno.

No hay que olvidar que los celtas galos y los celtíberos construyeron grandes ciudades como Lutecia y Numancia sin lastimar el entorno natural.

Con Hallstatt y La Téne en el centro de Europa, el lusitano gallego en la península ibérica, en el resto de Europa hasta llegar a Medio Oriente, y con su presencia y larga estancia en las islas británicas, Gales, Escocia e Irlanda, los celtas y su mitología encantaron al mundo y lo llenaron de magos, brujas, hadas, gnomos y duendes.

Magia, ecología y espíritu sano y espiritual, eso es la mitología celta, con un buen grado de humor negro que se burla de los temores de la vida y de la muerte, porque para ella nada muere, nada se pierde, solo se transforma en un ejercicio de equilibrio mágico y natural permanentemente.

Bibliografía

Bellingham, David. (2008). *Los celtas*. Madrid: Taschen.

Cerdeño, María Luisa. (1999). *Los pueblos celtas*. Madrid: Arco Libros.

Cunliffe, B. y Koch, J. T. (2010). *Celtic from the West: Alternative Perspectives from Archaeology, Genetics, Language and Literature*. Oxford: Oxbow Books.

Guijo Gascueña, Tatiana. (2019). *Celtas. El pueblo oculto*. Madrid: Edaf.

Herm, Gerhard. (2007). *The Celts. The people who came out of the darkness*. England: Barnes & Noble books.

Sainero Sánchez, Ramón. (2021). *La literatura celta en España*. Madrid: Editorial Sanz y Torres.

Tapia Rodríguez, Javier. (2023). *El gran libro de las mitologías*. Barcelona: Plutón Ediciones.

Índice